科技法學探索系列04 范建得教授主編

元華文創

CRISPR
可能沒有極限
從倫理、法律及社會角度看基因編輯嬰兒事件
但必須有界線

以2018年基因編輯嬰兒事件為出發點，審視英美中三國基因編輯生物法律架構。
包含新興基因編輯的簡介，以及對基因相關法律的比較法研究。

董威廷
范建得

著

給

露露及娜娜
願妳們在這艱難的世界能平安健康地長大

謝　辭

　　時隔一年替代役生活，眼看快要結束，才緩慢地修訂完本書，在付梓之際，非常感謝我的指導教授范建得老師的幫忙，學生才可以將此書出版，感謝范老師在清大科法所的教導以及對本書的諸多點評。

　　再來，從學校搬回家後，不論是準備國考及撰寫本書都受到家人許多照顧，光是讓我毋庸擔心下一餐溫飽就是最大的支持了，感謝爸媽及奶奶的容忍，讓我拖到了二十幾歲還未出社會。

　　以及，感謝那些被社會訕笑卻仍為了生命科學而奮鬥的所有生科人。

　　最後，願疫情早日結束，恢復往昔的歲月靜好。

序　言

　　第一次認識到 CRISPR 這門技術，是 2014 年在中研院分生所進行水稻基因轉殖實驗所聽聞，對於初次接觸到如此新穎生物科技的大學生而言，是多麼的驚訝，簡直無法想像人類基因有方法精確地操控到這種地步，甚至根本不會想到在四年後，世界上將誕生出第一個利用這個技術的基因編輯嬰兒。

　　然而，隨著時間消逝，基因編輯嬰兒事件亦因許多國際事件的發生而逐漸失去大眾的關注，成為歷史故事中一節生醫技術管制不當的插曲，儼然不再成為主流媒體所追蹤的議題。不過，本事件之重要性在於生殖系基因編輯的遺傳性，所產生的影響不僅影響當事人本身，亦涉及到生物技術的管制，傳統倫理道德乃至當今國際共識對於生殖系基因編輯的態度，以及社會對於基因編輯的觀感，故即便它已不再如當時被廣泛議論，其所衍生的爭議仍然存在並持續發酵。

　　本書將從基因編輯嬰兒事件作為出發點，內容涉及生物科技及法律之跨領域研究，為使讀者更能掌握本書所描述之生物技術，首先筆者會簡介基因編輯技術，在大致瞭解相關的生物技術、對基因編輯有了概括的雛形後，將分述近年來各國對於人體生殖細胞進行基因編輯的實驗及其產生之影響，進而交代基因編輯事件之始末及其爭點。爾後，本書擬從法律、倫理及公眾參與的社會角度切入，將分別以三個章節，深度探討基因編輯於此三個領域下所產生的連結。最終透過該事件，回顧我國法律規範，並提出筆者對於現階段基因編輯管制之淺見。

董威廷

在移民署北區事務大隊

2021.04.22 04:30 a.m.

目　次

第一章 緒論

　　由港科院、倫敦英國皇家學會（U.K.'s Royal Society）、美國國家科學院（National Academies of Sciences, NAS）和美國國家醫學院（National Academies of Medicine, NAM）所舉辦的第二屆人類基因體國際峰會（Second International Summit on Human Genome Editing）前夕，一名來自中國深圳的科學家——賀建奎，稱其團隊所執行的基因編輯手術成功地讓一對雙胞胎女嬰誕生[1]。消息暴露伊始，中國報導稱此舉為中國在基因編輯技術用於疾病預防領域實現歷史性突破[2]。然而另一方面，此一爭議性的舉動，引起生醫領域、倫理圈及法律界排山倒海地輿論撻伐，不旋踵間，國內外社群媒體爭相報導此事[3]。來自不同層面的各方討論，亦在一夕之間便迅速發酵。姑且不論，基因編輯手術之初衷，係為剔除特定基因，使嬰兒得到免疫力，避免未來得到愛滋病之可能，抑或是有其他原因[4][5]。此一案件顯然揭露出基因編輯管制層面有所疏漏，如實驗者是否如實

---

[1] Chinese researcher claims first gene-edited babies.
Available at: https://www.apnews.com/4997bb7aa36c45449b488e19ac83e86d （最後瀏覽日 2019/04/19）

[2] 世界首例免疫愛滋病的基因編輯嬰兒在中國誕生。
載於: http://www.chinanews.com/jk/2018/11-26/8685635.shtml （最後瀏覽日 2018/11/27）

[3] EXCLUSIVE: Chinese scientists are creating CRISPR babies.
Available at: https://www.technologyreview.com/s/612458/exclusive-chinese-scientists-are-creating-crispr-babies/（最後瀏覽日 2019/1/8）

[4] Zhou, M., Greenhill, S., Huang, S., Silva, T., Sano, Y., & Wu, S. et al. (2016). CCR5 is a suppressor for cortical plasticity and hippocampal learning and memory. Elife, 5.

[5] 於第二屆國際人類基因體編輯峰會第二日，賀建奎演講完後之會談時間，由 Robin Lovell-Badge 教授所提出的疑問，表示有研究顯示 CCR5 基因之剔除有可能會增進小鼠行為能力。
Available at: http://www.nationalacademies.org/gene-editing/2nd_summit/second_day/index.htm（最後瀏覽日：2019/1/12）

地向受試者執行知情同意程序、倫理審查委員會是否具有實質有效地審查，及法規範於事後懲處所發揮的效用；另一方面，此為全世界第一起以基因編輯胚胎，移植母體內受孕、出生的案例，乃牽涉至基因編輯之胎兒本身的生命權、身體權之保護、嬰兒出生後未必同意基因編輯，其人性尊嚴是否受到侵犯，其父母親是否有權利為其子女進行此事前治療行為，以及於實驗室修改人體基因和臨床上將修改過的胚胎植入母體內，兩者於醫療倫理上之差異等問題。最後，尚有一個更為實際的問題須面對：經由基因編輯過的嬰兒，長大後是否遭受異樣歧視，倘若其生育後代，將受編輯過的基因傳遞給與下一代，人類基因庫是否會受到污染？以及此等干擾對於人類後世之影響為何？

　　上述所提及之議題，在在證明與基因編輯管制息息相關。而探討基因編輯的脈絡下，均能夠以倫理、法律及社會（Ethical, Legal, and Social Implications, ELSI）的觀點切入。倘若事件發生於其他國家，該國將如何正視此問題，以及事前是如何調控基因編輯實驗之審核及進行。是故，本書欲透過此一件事件作為開端，進而探討各國就基因編輯法律規範之管制程序。

　　首先，先須就本書所探究的「基因編輯」所涵蓋的範圍作出定義，由於人體基因體之細胞可大致分為二者，一為可以遺傳的生殖細胞，另一為不會遺傳下一代之體細胞。基因編輯技術所使用的研究受體，亦依此區分為體細胞基因編輯 (somatic genome-editing) 以及可遺傳性基因體編輯 (heritable genome-editing)。本研究主要著眼於可遺傳性基因體編輯，其中以實驗標的區分又可細分為二種，一為於精細胞、卵細胞之生殖細胞與於未成熟分化之胚胎細胞。體細胞與可遺傳性的細胞之間的區分實益為，於體細胞上所做的基因編輯研究，不具有可遺傳性，倘若實驗失敗，不至於造成過大的影響；此外，以體細胞作為基因治療之方法，所需討論的範圍僅及於受試者以及受治療者本身，尚不用考量遺傳下一個世代之後基因是否污染基因庫的問題。然而，若以可遺傳之生殖細胞所為的基因編輯（Germline Gene Editing, GGE），不論是編輯生殖細胞或胚胎細胞，其所產生的影響擴及不僅止一個世代，因此基因編輯生殖細胞相較體細胞而言，受到更多數的國家所限制。這便是本次賀建奎所進行的手術饒

富爭議之原因。

　　本書將著墨於生殖系基因編輯，原因乃生殖系基因編輯不等於胚胎基因編輯，由於僅有在早期胚胎內進行基因編輯才會影響生殖系；若是胚胎已經分化後期，所進行基因編輯行為可能僅會影響到特定的基因，而不會影響整個基因體，便稱之為胚胎基因編輯而非生殖系基因體編輯。另一方面，也並非所有人類生殖系基因體編輯便是胚胎基因編輯。將精卵細胞單獨取出進行編輯再使之受精的結果，也可能會造成生殖系基因體的改變，即使並非修改胚胎本身。然而，生殖系基因編輯其實也能在已出生的胎兒、孩童及成年人的身上實施。若是在他們的卵巢或者睪丸中注射基因編輯試劑，便會使得他們的卵子及精子於體內進行編輯，解釋上來說，這仍然是屬於編輯他們的生殖細胞的生殖系基因體編輯的一種。不過本書所討論的生殖系基因體編輯並不包含此種類型的，因其主要係更改體細胞而造成生殖細胞的影響，並非直接且有意的編輯生殖系。[6]

　　其次，就該技術的管制方式主要分為兩個層面：一為具有影響力之非政府機構之監管、國際間舉辦之研討會所取得的共識及國際組織所作之協議等，外部監管層面來調控，進而討論所涉及之倫理議題，以及按現有規範架構下，係為保護何種權利、利益而生，又或者是否存在著需要受到保護之倫理價值，但現行法制下卻欠缺相應之規範；另一為透過政府機關內部法規範體系，在不同的實驗程序各有相應的法規範管制，而研究者需要經過層層法規把關後始得執行實驗。兩相異的治理方式卻殊途同歸，分別對於基因編輯技術管制，起到體制內外的作用。而本書所欲探討的法規範以及管制架構，以英國、美國及中國為主要研究標的。之所以選定此三國之原因，乃因此三個國家於生技醫療領域中，在歐洲、美洲及亞洲獨佔鰲頭外，於 2015 年及 2018 年，二次所舉辦的國際人類基因編輯峰會三國皆有與會協辦，可知這三個國家對於基因編輯技術的重視及影響。並且，於 2015 年後，來自英、美、中的研究團隊，陸續開始進行

6　Greely, H. T. (2019). CRISPR'd babies: human germline genome editing in the 'He Jiankui affair'. Journal of Law and the Biosciences, 6(1), 113.

胚胎上的基因編輯的研究，而每一次的基因編輯實驗都會挑起科學界的敏感神經，更引起各國對於基因編輯管制的重視。是故，筆者挑選該三個國家，除了具有已經進行過的人體基因體編輯實驗，亦為了因應前述之實驗，法律規範有所調整，以及影響人民對於基因編輯之意向。因此，本書欲以這英國、美國、中國作為代表，藉此分析已有類似前例之國家係如何調控、監管基因編輯技術。透過研究該國法律規範、臨床經驗，擬成為我國未來立法之借鏡，以及達到建構全球基因編輯管制架構之目的。

各國立法例之參考對象，不僅於法律原則之本身，所要保護之權利主體以及所欲規範之對象，尚參酌國際組織之協議，以及國際間研討會下所作之國際共識。除此之外，對於公眾事務參與的人民意識日益抬頭，大眾對於特定事物的立場亦會左右法律制定走向。透過民意調查，人民傳達對於基因編輯本身之想法，以及是否希望透過基因編輯達到治療之目的，均會成為基因編輯與法律管制之間的溝通橋樑。想要擴展此一橋樑，除透過相對消極的民意調查外，尚得以透過公眾參與之方式。藉由戮力於研究基因編輯之學術單位，透過科普的期刊論文發表、新聞報導、公共講座及學術研討會，將基因技術之知識傳遞至社會大眾，旨在與人民之間互動，達成「公眾參與」（Public Engagement）之目的，使得人民更能在完善的知識下，表達公眾所欲傳達之信念，為具體的政策決策提供參考訊息。[7] 遺憾的是，鑑於我國於國際間之政治情勢，許多國際間的論壇未能受邀及國際協議亦無法簽署。然而，生物技術領域與全人類健康福祉密切相關，稍有不慎，所造成之影響廣闊深遠。在當今政治局勢下，我國比起其他國家，更不容許有受到國際抨擊的餘地，故我國更應敦促立法更為完善，以符合全球治理之管制架構。是以，本書最後將回顧我國基因編輯相關之法令，檢視我國規範是否適當且有效地管制基因編輯技術，達到防範未然之作用。當此類事情發生時，得否有相應的法規範足以應對。

---

[7]　Burall, S. (2018). Rethink public engagement for gene editing. Nature, 555(7697), 438-439.

第二章　基因編輯技術

第一節　基因編輯技術之簡介

　　基因體（Genomes）其組成基因（Gene）係由去氧核醣核酸（deoxyribonucleic acid, DNA）組成，這些 DNA 主要是由雙股螺旋狀形式於細胞體內呈現，但這種形態不一定穩定，有可能會通過輻射意外地斷裂，或者經由稱為內切酶（endonucleases）的蛋白質，於特定的 DNA 序列中產生雙股斷裂（double-strand breaks, DSBs）。若該段 DNA 斷裂後，會導致該段基因無法產生作用，細胞為了應付此種情形，演化出修復 DNA 中 DSBs 的機制——DNA 修復（DNA repair）。

　　進行基因體編輯的關鍵第一步即是創造出 DNA 的 DSBs，由核酸酶所產生的 DSB 在所有細胞類型和生物體中幾乎都以特定的途徑進行修復，經由觀察發現細胞修復方式主要分為兩種[1]：第一種是通過非同源性末端接合（nonhomologous end-joining, NHEJ）促成 DNA 修復，以此 DSBs 斷裂末端重新連接。當 DNA 以 NHEJ 這種形式修復時，通常會在 DNA 斷裂處造成長度不等的 DNA 序列插入或缺失（insertion/deletion, indels）致使該段基因功能破壞；而另一種為同源重組（homology-directed repair, HDR），將 DNA 的同源序列作為模板（template）引入細胞，使細胞可以依著具有同源序列的模板，以相對應序列修補破裂的 DNA。其中，以 HDR 方式修補的好處在於，可以促成細胞進行更精確的修復，或者於同源序列中包含特定的基因序列，藉由細胞修復之方式，將特定的基因片段嵌入受體的基因體 DNA。[2]

---

[1]　Sander, J. D., & Joung, J. K. (2014). CRISPR-Cas systems for editing, regulating and targeting genomes. Nature biotechnology, 32(4), 347.

[2]　National Academies of Sciences, Engineering, and Medicine, et al. (2017) Human Genome Editing: Science,

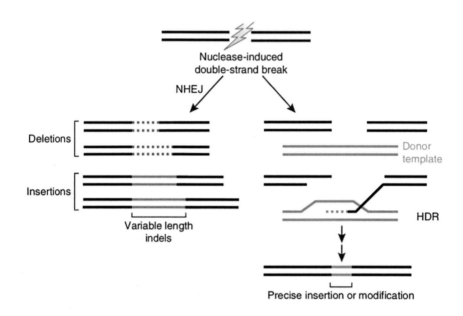

圖一：核酸酶誘導的 DSBs 可以依 NHEJ 或 HDR 兩種途徑修復。[3]

隨著 1970 年代重組 DNA 技術的發展標誌著生物學新時代的開始，這些與生俱來的機制被科學家發現可以用以改變 DNA 序列，分子生物學家開始掌握了操縱 DNA 的能力，繼而透過這些技術研究基因，並利用它們開發新的醫學方法及生物技術。[4] 起先科學家並不能隨心所欲的編輯特定片段基因，僅能運用稱為 RNA 干擾（RNAi）的靶向基因剔除技術，此為一種迅速、廉價的同源重組替代方法。然而，RNAi 的剔除效果不盡完善，且在各個實驗及實驗室之間會產生不同結果，還具有不可預測的脫靶效應，限制了 RNAi 技術的實際應用。[5] 歷經數代的基因編輯技術的演進後，基因編輯已從原先低效率的、不精確的

　　Ethics, and Governance, Washington, DC: National Academies Press. pp.218-219.

[3]　圖截自前揭註 1。

[4]　Hsu, P. D., E. S. Lander, and F. Zhang.（2014）Development and applications of CRISPR-Cas9 for genome engineering. Cell 157(6):1262.

[5]　Gaj, T., Gersbach, C. A., & Barbas III, C. F. (2013). ZFN, TALEN, and CRISPR/Cas-based methods for genome engineering. Trends in biotechnology, 31(7), 397.

技術，發展出得以直接對特定基因片段進行修改，並且具備一定程度的精準性。在開發 CRISPR/Cas9 之前，科學家已有數種方法進行基因編輯，如 ZFNs 和 TALENs。

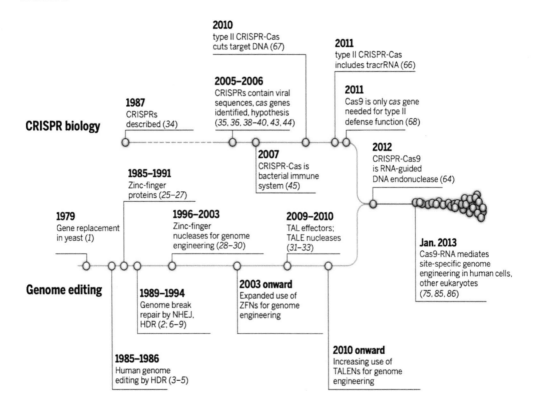

圖二：CRISPR 的發現及基因編輯技術的發展，
促成 CRISPR 應用於基因編輯領域中。[6]

　　在每次生物技術世代交替中，都會帶來著更簡便的操作性及更普及的應用，隨著 CRISPR 技術的發現，基因編輯技術取得了重大進展，開創了生物學和醫學的新紀元。而 ZFNs、TALENs 及 CRISPR/Cas9 這三種編輯方法如今已

[6]　圖片截自：Doudna, J. A., & Charpentier, E. (2014). The new frontier of genome engineering with CRISPR-Cas9. Science, 346(6213), 1258096-2.

成為生物學界眾所周知的生物技術，為初步了解基因編輯技術之操作方法，以下本書將簡述這三種基因編輯方法的生物機制。

第一項 ZFNs

鋅指核酸酶（Zinc-finger Nucleases），簡稱為 ZFNs。起初在 1996 年被發現，隨後在 2003 年用於果蠅和哺乳動物細胞的基因工程實驗。ZFNs 是人為改造而成的限制酶，其中 Cys2-His2 鋅指結構型是真核生物中最常見的類型之一[7]，其由兩個部分所組成：其中一端為 C 端，由鋅指結構組成，該結構為 DNA 結合結構域（DNA-Binding Domain）用於識別 DNA 序列並結合 DNA；另一端為 N 端是用於切割 DNA 的 FokI 限制酶活化結構域（Activity Domain），當 DNA 結合結構域與特定的 DNA 結合，並且 FokI 形成二聚體狀態時，便會開始切割 DNA 片段產生 DSBs[8]。隨後，細胞便會自動地藉由 NHEJ 或 HDR 的修復機制，在基因體 DSBs 片段中完成基因編輯。[9]

---

[7]　同前揭註 5，p.398。

[8]　Ma, D., & Liu, F. (2015). Genome editing and its applications in model organisms. Genomics, proteomics & bioinformatics, 13(6), 337.

[9]　Bitinaite, J., Wah, D. A., Aggarwal, A. K., & Schildkraut, I. (1998). FokI dimerization is required for DNA cleavage. Proceedings of the national academy of sciences, 95(18), 10570-10575.

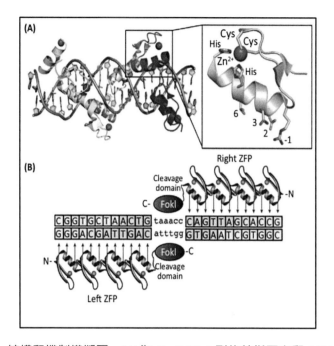

圖三：ZFNs 結構和機制模擬圖。(A)為 Cys2-His2 型的鋅指蛋白和 DNA（灰色雙股
　　　螺旋狀）結合圖。每一個鋅指蛋白具有約 30 個胺基酸，其中表面殘基(-1, 2, 3,
　　　6)為和 DNA 接觸面為柱狀形式，而每一個鋅指結構約有 3-4 鹼基對（base pair,
　　　bp）。而側鏈則為 Zn_2^+離子（紫色球狀），及 Cys 及 His 殘基。（B）與 DNA
　　　結合的鋅指核酸酶（ZFN）二聚體的模擬圖。ZFN 目標靶位由兩個鋅指結合位
　　　組成，兩個結合位由 FokI 切割域 5-7 bp 間隔序列隔開。[10]

　　在臨床實驗方面，ZFNs 已被用於糾正性聯隱性的遺傳嚴重複合型免疫缺
乏症（X-linked severe combined immune deficiency）、血友病、鐮刀型紅血球疾
病等基因突變所引起的疾病。此外，ZFN 亦被用於修復患者的人誘導性多能幹
細胞中的基因，以治療帕金森氏症的相關突變。[11] 並且尚有實驗證明，經由
ZFNs 所引起的目標基因敲除是對抗 HIV / AIDs 的潛在強大方法。[12]

---

[10] 圖截自前揭註 5, p399。

[11] 同前揭註 5，p.402。

[12] Perez, E.E. et al. (2008) Establishment of HIV-1 resistance in CD4+ T cells by genome editing using zinc-finger nucleases. Nat. Biotechnol. 26, 808–816.

第二項 TALENs

　　TALENs 全名為類轉錄活化因子核酸酶（Transcription activator-like effector nucleases）。TALENs 是源於植物病原黃單胞菌 *Xanthomonas* 屬所產生的一種蛋白質，並通過分泌系統注入到宿主細胞內，其包含 33-35 個胺基酸結構域組成的 DNA 結合結構域。這些胺基酸大部分高度保守（highly conserved），除了第 12、13 位的胺基酸，也是因為第 12、13 位的胺基酸造成 TALE 的特異性，這些胺基酸被稱為重複變異雙殘基（repeat-variable diresidues, RVDs）。於 2010 年後，科學家分別對天然的 TALEN 蛋白進行加工，把原來 C 端的轉錄因子換成 FokI 限制酶，如此一來，便成功地完成了另一個新穎的基因編輯技術。[13] 科學家又在此基礎上，針對不同生物基因分別設計專屬的 TALENs。

　　與 ZFNs 相比之下，TALENs 設計相對容易。由於 DNA 鹼基對與 TALENs 蛋白是一一相對應，對於鹼基對的識別僅仰賴其中那兩個變異的胺基酸殘基，在建構單一基因體位點長陣列時，不須重新設計。並且經過近二十年鋅指蛋白的研究，已經提供了許多方法可將 ZFNs 的技術方法融合到 TALENs 操作上，以進行靶向的遺傳修飾。儘管 TALENs 比起 ZFNs 更具設計靈活性，但在建構的過程中，因為 TALENs 分子的組裝、篩選程序較為繁雜，對一般的實驗室而言技術門檻較高。不過，為克服此問題，已經開發許多方法，以更有效率的方式設計 TALENs。[14]

---

[13]　Li T, Huang S, Jiang WZ, et al. TAL nucleases (TALNs): hybrid proteins composed of TAL effectors and FokI DNA-cleavage domain. Nucleic Acids Res, 2011, 39(1):359-72.

[14]　同前揭註 5，p.399。

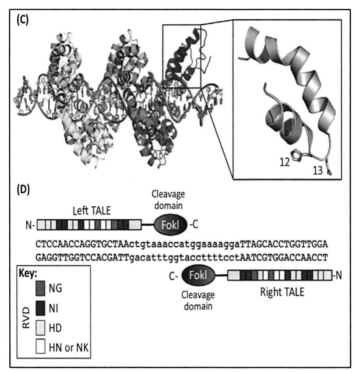

圖四：TALENs 結構和機制模擬圖。（C）TALENs 蛋白（紫色、黃色）與 DNA（灰色雙股螺旋狀）結合圖。單一 TALEN 序列包含 33-35 個胺基酸，可通過兩個高變殘基（hypervariable residues, 又稱為 RVDs）──識別鹼基對。（D）與 DNA 結合的 TALENs 模擬圖。TALEN 靶位點由兩個 TALE 結合位點組成，兩個結合位點由 12-20 bp 序列所隔開。[15]

　　縱然 ZFNs 與 TALENs 的應用有一定程度地相似，後者在實驗設計及編輯效率上仍略勝一籌。[16]因此在 TALENs 被發明後，科學家紛紛轉向使用 TALENs 來進行實驗。於人類細胞實驗中，有科學家欲設計不同的 TALENs 以針對乙型球蛋白基因，以研究與鐮刀型紅血球相關的疾病。實驗團隊通過改變 TALENs 蛋白的 N 端和 C 端的結構，以此達到優化 TALENs 的編輯效率。實驗結果顯

---

[15] 圖截自前揭註 5，p.399。

[16] 同前揭註 2，p.221。

示，在人類細胞中將基因靶向成功率提升了高於 1000 倍，並且大大地降低了細胞毒性。[17] 由於設計和構建的簡便性，DNA 切割率高和細胞毒性低，經過優化過的 TALENS 為基因體特定位點修飾（site-specific modification）提供了強大的工具，可用於基礎和應用生物學研究，以及作為人類基因治療的編輯工具。不論是 TALENS 抑或 ZFNs，其定點修飾均須倚賴 DNA 序列特異性結合蛋白的設計、合成，不過此程序相當繁瑣。於 CRISPR/Cas 出現後，正好解決了先前技術所面臨的困境。

第三項　CRISPR/Cas

1.CRISPR 及 CRISPR/Cas 系統簡述

　　CRISPR 全名為常間回文重複序列叢集（Clustered Regularly Interspaced Short Palindromic Repeats），約 50%以上的細菌及古生菌具有此後天免疫系統（Adaptive Immunity System）[18]。科學家發現細菌在成功清除病毒時，細菌會挑選病毒一段 DNA 片段，並儲存在細菌的 CRISPR 序列之間的間隔序列（Spacer）內。作用機制如同動物的抗體一般，若同一種病毒再次侵入體內，細菌的免疫系統將能夠將入侵病毒的 DNA 與先前儲存的序列進行匹配，並以此迅速抵禦病毒。[19]

　　所謂 CRISPR/Cas 系統，是由兩個部分所組成，一為 Cas 是 CRISPR 關聯蛋白質(CRISPR-associated protein)的簡稱，與 ZFNs 及 TALENS 的 FokI 限制酶一樣，負責切割 DNA 雙股，而其中 Cas9 是 Cas 系統中構造較為簡單且是最早被廣泛應用的限制酶；另一個部分為嚮導 RNA（guide RNA 或簡稱 gRNA），

[17]　Sun, N., Liang, J., Abil, Z., & Zhao, H. (2012). Optimized TAL effector nucleases (TALENs) for use in treatment of sickle cell disease. Molecular BioSystems, 8(4), 1255-1263.

[18]　Wright, A. V., Nuñez, J. K., & Doudna, J. A. (2016). Biology and applications of CRISPR systems: harnessing nature's toolbox for genome engineering. Cell, 164(1-2), 29-44.

[19]　Marraffini, L. A., & Sontheimer, E. J. (2010). CRISPR interference: RNA-directed adaptive immunity in bacteria and archaea. Nature Reviews Genetics, 11(3), 181-190.

在使用 Cas9 蛋白質的系統，需要搭配 CRISPR RNA（簡稱為 crRNA）及另一種 trans-activating crRNA（簡稱為 tracrRNA）組成兩個 RNA 結構的複合體[20]，gRNA 的作用將 Cas9 引導至特定目標，一旦 Cas9 被引導到特定的位點上便會開始切割 DNA 序列，並以此插入或者剔除基因片段。

2.CRISPR 系統之分類與其內容

　　而 CRISPR 依據與不同的蛋白作用，主要被分成兩類（Class），而又各自細分為六型（Type）及衍伸的亞型（Subtype）。在第 I 類中，效應分子由數種具有不同功能的蛋白質形成的複合物（CRISPR-associated complex for antiviral defense, Cascade）組成；而在第 II 類中，Effector modules 則與單個多結構蛋白相關。[21]

	Class I			Class II		
	Type I	Type III	Type IV	Type II	Type V	Type VI
Integration module	Cas1/2 [3]	Cas1/2	Unknown	Cas1/2	Cas1/2	Cas1/2
Effector module	4 – 7 Cas protein Cascade			Cas9 [10]	Cas12a (cpf1)/Cas12b/Cas12c/[17]	Cas13a/Cas13b/Cas13c [20]
Molecule substrate	DNA					RNA
Organism	bacteria and archaea		archaea	bacteria	bacteria and archaea	bacteria
Nuclease domain	HD^a fused to Cas3	HD fused to Cas10	unknown	RuvC and HNH	RuvC and Nuc	HEPN domains (2)
tracrRNA	no	No	no	yes	cpf1-no	no
Cleavage motif	subtype dependant (7)	subtype dependant (2)	subtype dependant (2)	CG rich NGG (blunt ends)	AT rich (staggered ends)	non-G PFS (ssRNA)

圖五：CRISPR/Cas 系統類型的概覽與其組成單元[22]

---

[20] Jinek, M., Chylinski, K., Fonfara, I., Hauer, M., Doudna, J. A., & Charpentier, E. (2012). A programmable dual-RNA–guided DNA endonuclease in adaptive bacterial immunity. science, 337(6096), 816-821.

[21] Perez Rojo, F., Nyman, R. K. M., Johnson, A. A. T., Navarro, M. P., Ryan, M. H., Erskine, W., & Kaur, P. (2018). CRISPR-Cas systems: ushering in the new genome editing era. Bioengineered, 9(1), 214–221.

[22] 同前揭註 21。

第一類 CRISPR 系統可進一步細分為 3 種類型（I 型，III 型和 IV 型）和 12
種亞型。在細菌和古細菌中 90%的 CRISPR 基因座中發現的皆為第一類系統。
第一類 CRISPR 系統的特徵是其多個 effector modules。effector modules 作用包
含負責識別 RNA 及 crRNA 結合的複合物。第一類系統中較為常見的是第 I 型
和第 III 型，兩者都包含負責 pre-cRNA、crRNA 及與負責結合、切割、插入和
調控的蛋白質。第 I 型 CRISPR 系統的所有亞型均帶有 Cas3，負責切割 DNA
雙股，以便於切割靶標。並且第 I 型系統只能靶向 DNA。與第 I 型類似，第 III
型系統具有一個共同的 Cas 蛋白質，在此為 Cas10，並且第 III 型系統可以識別
DNA 和 RNA 以進行切割。第 IV 型系統則是科學家推定的系統，因此與 I 和
III 型相比，對其了解較少。

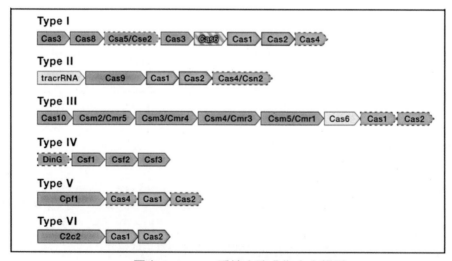

圖六：CRISPR 系統大致分為六大類型

每種類型的代表性操縱子（operons）如圖所示。虛線輪廓表示僅在某些亞
型中存在的基因。涉及干擾 DNA 的基因為紅色，參與 crRNA 基因為黃色，而
負責與 DNA 配對的基因為藍綠色。[23]

第二類系統包含第 II 型、第 V 型及第 VI 型。由於它們使研究人員能夠僅

---

[23] 圖六修改自前揭註 18，p.30。

須使用一個多結構域（multidomain）蛋白質（如 Cas9 或 Cpf1），即可完成編輯工作，所以大多數研究人員都選擇使用第二類系統。就基因數量而言，亦是目前為止是最簡單的。以第二類最主要的 *cas9* 基因來說，與第一類系統的第 I 型及第 III 型不同，儘管第二類系統需要匹配 tracrRNA 才能作用，但單一個 *cas9* 即具備 crRNA 基因、DNA 內切酶基因及與 DNA 匹配的基因等，因此與其他系統相比，僅要 Cas9 參與即可進行編輯。[24]而第 V 型通常選擇使用 *Cas12（Cpf1）* 作為其內切酶，與 II 型系統相似，僅針對 DNA 進行編輯，並且也需要 tracrRNA 配合才能發揮作用。較特別的是第 VI 型，此類型為唯一針對 RNA 進行編輯的第二類系統，其使用 *Cas13（C2c2）* 作為編輯 RNA 的內切酶。

3.CRISPR 作用機制

　　以最常使用的 CRISPR/Cas9 系統為例，在 CRISPR 系統作用時主要包括兩個部分：Adaptation 和 Interference。首先，Adaptation 指的是，當噬菌體或者外源基因入侵到細菌體內後，CRISPR 需要先進行與 DNA 配對的動作，這部分涉及與 CRISPR 基因座（gene loci）中間隔序列的識別和整合。其中，Cas9 會與 gRNA 形成一個複合體，並且在 gRNA 上有一段與病毒基因體相對應的間隔序列，稱作 Protospacer。該序列會辨識 DNA，而在 Protospacer 序列附近存在一小段核苷酸，稱為 Protospacer adjacent motif(PAM)，Cas9 即是辨識這段 PAM 序列，並切割緊鄰的雙股 DNA。緊接著，會轉錄出 pre-crRNA，其為 crRNA 的主要前驅物，該前驅物質通過 RNA 聚合酶從 CRISPR 基因座轉錄後，再經由核糖核酸內切酶將前 crRNA 切割成小的 crRNA。在經過修飾的 crRNA 形成之後，則會進入 interference 階段，其會與 Cas9 及 tracrRNA 組合成一複合物。crRNA 會和外源基因配對，並引導複合物對外源基因片段進行剪切。[25]

---

[24] Makarova, K. S., Wolf, Y. I., Alkhnbashi, O. S., Costa, F., Shah, S. A., Saunders, S. J., ... Koonin, E. V. (2015). An updated evolutionary classification of CRISPR–Cas systems. Nature Reviews Microbiology, 13(11), 722-736.

[25] Shmakov, S., Smargon, A., Scott, D., Cox, D., Pyzocha, N., Yan, W., ... Koonin, E. V. (2017). Diversity and evolution of class 2 CRISPR–Cas systems. Nature Reviews Microbiology, 15(3), 169-171.

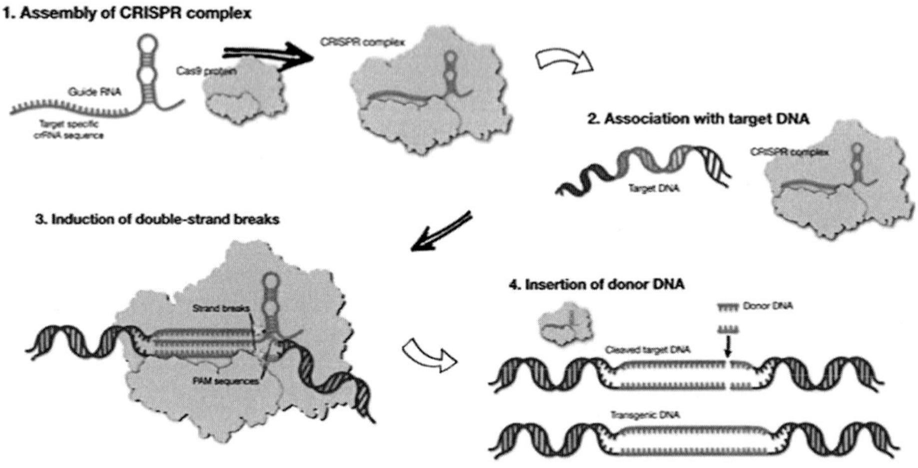

圖七：為 CRISPR/Cas9 系統機制示意圖[26]

4. CRISPR/Cas 系統的起源與演進

　　CRISPR 之所以被發現，源於西班牙 Santa Pola 充滿了鹽分的地中海海港。科學家 Francisco Mojica 從港口沼澤中分離出來一種具有極高耐鹽性的古細菌（*Haloferax mediterranei*），並發現到生長鹽分濃度似乎會影響限制酶切割微生物基因體的方式。[27] 經過進一步分析發現了一個特殊結構，含有類似回文的重複序列及間隔，與已知的其他微生物不同。於此之後，Mojica 團隊又接連發現其他古細菌也具有相似的重複序列。[28] Mojica 依其序列形式予以命名為 SESRs (short regularly spaced repeats)，之後才改稱為 CRISPR。

---

[26] 圖七改編自 Costa, J. R., Bejcek, B. E., McGee, J. E., Fogel, A. I., Brimacombe, K. R., & Ketteler, R. (2017). Genome editing using engineered nucleases and their use in genomic screening. In Assay Guidance Manual [Internet]. Eli Lilly & Company and the National Center for Advancing Translational Sciences.

[27] Mojica, F.J., Juez, G., and Rodriguez-Valera, F. (1993). Transcription at different salinities of Haloferax mediterranei sequences adjacent to partially modified PstI sites. Molecular microbiology 9, 613-621.

[28] Mojica, F. J., Díez-Villaseñor, C., Soria, E., & Juez, G. (2000). Biological significance of a family of regularly spaced repeats in the genomes of Archaea, Bacteria and mitochondria. Molecular microbiology, 36(1), 244-246.

　　而僅僅發現 CRISPR 這段序列，還不足以成為基因編輯技術。要將這項發現應用到現今廣為使用的基因編輯技術，要歸功於科學家發現了 CRISPR/Cas 的作用機制。科學家發現原核生物的 crRNA 會和 Cas 蛋白共同調控、干擾病毒增殖，並且抵禦病毒入侵。[29] 在 2012 年，以 Emmanuelle Charpentier 和 Jennifer Doudna 為首的研究團隊從化膿性鏈球菌（*Streptococcus pyogenes*）發現到，CRISPR/Cas9 系統是藉由雙 RNA 結構協同作用，藉由 crRNA 及 tracrRNA 與 Cas9 蛋白組成的複合物，得以切割特定 DNA 序列。[30] 至此，CRISPR/Cas9 第 II 類系統的建構便已大致完善。隨後，科學家又相繼在哺乳動物以及人類細胞進行實驗，更是為基因編輯技術堆砌更為宏觀的架構。[31]、[32]

5. 基因編輯技術之比較

　　雖然 CRISPR/Cas9 的技術已漸成熟，但由於 crRNA 序列比 ZFNs 或 TALENs 所靶向的大部分序列還來的短，此一現象會造成基因編輯的脫靶效應加劇。並且，與其他基因編輯技術一樣，CRISPR/Cas9 也會面臨到 DNA 雙股斷裂後，細胞以非同源性末端接合進行修復所產生的細胞毒性問題。[33] 然而，儘管有上述的缺點存在，仍不減其媲美為「上帝的剪刀」風采。CRISPR 為優勢基因編輯技術有其道理，與 ZFNs 及 TALENs 相比，CRISPR 在設計費用、實驗應用以及實驗效率上，比起其他技術更值得研究者使用。以下本文將簡單將以作用機制、組成、設計難易度及其危害等因素作比較標準，將上述三種基因編輯技術作比較分析，參見下表一。

---

[29] Brouns, S. J. J., Jore, M. M., Lundgren, M., Westra, E. R., Slijkhuis, R. J. H., Snijders, A. P. L., … van der Oost, J. (2008). Small CRISPR RNAs Guide Antiviral Defense in Prokaryotes. Science, 321(5891), 960–964.

[30] 同前揭註 20。

[31] Cong, L., Ran, F. A., Cox, D., Lin, S., Barretto, R., Habib, N., ... & Zhang, F. (2013). Multiplex genome engineering using CRISPR/Cas systems. Science, 339(6121), 819-823.

[32] Mali P, Yang L, Esvelt KM, Aach J, Guell M, DiCarlo JE, et al. (2013) RNA-guided human genome engineering via Cas9. Science, 339:823-826.

[33] 趙欽軍、韓忠朝（2016），〈基因編輯技術的發展前景及倫理與監管問題探討〉，《科學與社會》，6(3)，頁 1-11。

表一：ZFNs、TALENs 及 CRISPR/Cas9 技術的統整與比較。(筆者自製)[34]、[35]

	ZFNs	TALENs	CRISPR/Cas9
作用機制	Protein/DNA	Protein/DNA	DNA/RNA
重要組成	zinc finger domain 及 FokI 核酸酶	TALE 及 FokI 核酸酶	crRNA 與 tracrRNA 及 Cas9 組合成複合物
設計難易度	困難：各個基因序列需由特製蛋白設計		簡單：所有單元都可在 gRNA-Cas9 裡設計
編輯效率	低	低	高：能進行多基因編輯
成本	高	中	低
靶位選擇彈性	低	中	中
細胞毒性	高	低	低

第二節　CRISPR 之臨床應用

　　首先需要釐清的是，基因編輯只是一種生物技術的方法，而將基因編輯技術應用到臨床醫學，則是基因檢測或者基因治療的範疇。基因檢測主要是利用基因編輯技術的原理，加以改造成為能夠測定特定的基因突變或疾病的檢測方法；基因治療則是倚賴基因編輯方法，進而修正特定突變基因，以修復該破損基因造成的疾病。

---

[34] CRISPR Handbook Enabling Genome Editing and Transforming Life Science Research. Second Edition. Available at: https://www.genscript.com/gsfiles/techfiles/CRISPR-Handbook-2016-v2.0.pdf （最後瀏覽日：2019/12/29）

[35] 同前揭註 8，p338。

第一項 基因檢測

　　依照傳統方法進行基因檢測時，需要倚賴聚合酶鏈反應 (Polymerase Chain Reaction, PCR)將 DNA 片段擴增，這種基因檢測方式不僅需要許多試劑及昂貴儀器，並且過程又耗時也繁瑣。慶幸的是，近日有科學家發現 CRISPR 技術不僅能以基因編輯方式影響基因，亦可以作為基因檢測的工具。這項發明稱作「CRISPR 晶片（CRISPR Chip）」，研究團隊使用經過催化而失去活性的 Cas9 蛋白，利用其靶向能力能夠確認 DNA 的特定位置卻不會進行切割，並將其與特定的 gRNA 結合後連接至石墨烯製成的晶體管上。當 CRISPR 複合物在目標 DNA 的特地位置後，便會改變石墨烯的電流傳導因而產生出信號。[36] CRISPR 晶片的操作僅需晶片本身和一個能夠讀取晶片的手提機器，其高精確性的檢驗水準以及不必受限於實驗室的便利性，使得以 CRIPSR 進行基因檢測的成本和門檻大幅地降低。

　　另一方面，Jennifer Doudna 及張峰不僅同時分別發明 CRISPR/Cas9 基因編輯技術，更是在 2018 年分別同時開創了新型態的 CRISPR 基因檢測技術，將 CRISPR 應用更向前推進了一步。Doudna 博士和其研究團隊創立了一種名為 DETECTR （DNA endonuclease-targeted CRISPR trans reporter）的技術平臺。DETECTR 主要藉由 Cas12a 切割，來檢測人類乳突病毒（human papillomavirus, HPV），該檢測僅需一個反應中添加所有試劑：CRISPR/Cas12a、gRNA、螢光試劑以及一個稱為重組酶聚合酶擴增（Recombinase Polymerase Amplification, RPA）的等溫擴增系統，該系統類似於 PCR，但不需要 PCR 儀器。當溫度上升後會使 DNA 複製數量上升，當 CRISPR 檢測到 HPV 時，Cas12a 便會切除螢光報告子（reporter），因而產生出螢光信號。從實驗結果來看，DETECTR 在特定的病毒株檢測準確率甚至高達百分之百，並且 DETECTR 成本低廉、迅速

---

[36] Hajian, R., Balderston, S., Tran, T., deBoer, T., Etienne, J., Sandhu, M., ... & Paredes, J. (2019). Detection of unamplified target genes via CRISPR–Cas9 immobilized on a graphene field-effect transistor. Nature biomedical engineering, 3(6), 427-437.

又精準，無疑成為新型態基因檢測工具。[37] 而張峰博士及其研究團隊開發了一項稱為 SHERLOCK（Specific High-Sensitivity Enzymatic Reporter UnLOCKing）的 CRISPR 檢驗機制（CRISPR-based diagnostic, CRISPR-Dx）。SHERLOCK 是採用 Cas13a 蛋白，由於其具備特殊的「collateral effect」，在切割目標 DNA 後，仍然能繼續保持活躍狀態，轉而切割其他非目標的 RNA。[38] 爾後，在 CRISPR 酵素學應用的發展，研究團隊在隔年又改進了 SHERLOCK 成為 SHERLOCKv2。該系統使用了 Cas13、Cas12a 和 Csm6 的蛋白，使原本的檢驗技術能夠一次進行多種檢測，不僅縮小了測量所需劑量，還增加了測定的靈敏度。除此之外，還能夠通過側流免疫層析法檢測登革熱或茲卡病毒的突變。[39] 由於其價格低廉，且比起傳統 PCR 而言較不需要電力，因此非常適合電力資源匱乏的奈及利亞，研究團隊與當地的科學家共同合作，嘗試以此檢驗致死率高達 60%的拉薩熱。[40]

這些基因檢測的技術，不只是提供人們一項更快速、便利且低廉的技術，更是展現 CRISPR 的應用不僅侷限於實驗室內，尚得拓展到第三世界的低收入國家。對於因貧困無法支付檢測費用的人們而言是一大福音，這也凸顯了基因技術作為基因檢測平臺的潛力。

第二項 基因治療

所謂基因治療，是將具修補功能的 DNA 以治療性的方法，注射進病患體內，並利用細胞自身的 DNA 修復作用，自動將該注射的 DNA 片段重組進原基

---

[37] Chen, J. S., Ma, E., Harrington, L. B., Da Costa, M., Tian, X., Palefsky, J. M., & Doudna, J. A. (2018). CRISPR-Cas12a target binding unleashes indiscriminate single-stranded DNase activity. Science, 360(6387), 436-439.

[38] Gootenberg, J. S., Abudayyeh, O. O., Lee, J. W., Essletzbichler, P., Dy, A. J., Joung, J., ... & Myhrvold, C. (2017). Nucleic acid detection with CRISPR-Cas13a/C2c2. Science, 356(6336), 438-442.

[39] Gootenberg, J. S., Abudayyeh, O. O., Kellner, M. J., Joung, J., Collins, J. J., & Zhang, F. (2018). Multiplexed and portable nucleic acid detection platform with Cas13, Cas12a, and Csm6. Science, 360(6387), 439-444.

[40] Faster, better, cheaper: the rise of CRISPR in disease detection. Available at: https://www.nature.com/articles/d41586-019-00601-3#ref-CR1 (最後瀏覽日：2020/1/5)

因序列中的一種治療方法，該治療方法得以使患者遺傳性致病基因汰換掉，以製造出新的基因產物。先前主要是以 ZFNs 及 TALENs 技術實行基因治療，在 2013 年，首次有科學家成功使用 CRISPR / Cas 校正小鼠的遺傳疾病，[41] 以及和腸幹細胞中囊腫性纖維化相關疾病。[42] 由於 CRISPR / Cas 技術的成功，使得基因療法在疾病治療中更具可行性。CRISPR/Cas9 主要能透過四種方式達到基因治療的目的：（1）對抗病毒入侵（2）抵禦細菌感染（3）編輯體細胞及（4）編輯生殖系細胞 [43]。

　　當今，對人類危害最深的病毒要屬 HIV，而基因療法能夠對抗病毒入侵意味著治癒愛滋病是有可能的。這並非僅存在理論層面，先前即已有科學家以基因編輯技術進行臨床試驗，在愛滋病患體內注射被以 ZFN 編輯過、失去 CCR5 基因作用的 CD4 T 細胞，結果成功地降低病患血液中 HIV 濃度。[44] 以 CRISPR/Cas9 治療病毒也是有效的，不過現在仍停留在實驗階段，但研究人員仍企盼能夠在 2020 年進行人體試驗，儘早根治影響全球數百萬人的愛滋病毒。[45]

　　在治療細菌感染方面，基因編輯技術可用於通過標定細菌基因，並抑制細菌生長，以此來治療細菌感染其他細胞的效果。尤其是，當傳統藥物無法有效治療時，這便是另一種可行的治療方法。因為在 CRISPR/Cas9 實驗設計時會僅針對細菌基因，因而降低了破壞人類 DNA 的風險。哈佛大學的研究團隊已經

[41] Wu, Y., Liang, D., Wang, Y., Bai, M., Tang, W., Bao, S., ... & Li, J. (2013). Correction of a genetic disease in mouse via use of CRISPR-Cas9. Cell stem cell, 13(6), 659-662.

[42] Schwank, G., Koo, B. K., Sasselli, V., Dekkers, J. F., Heo, I., Demircan, T., ... & Nieuwenhuis, E. E. (2013). Functional repair of CFTR by CRISPR/Cas9 in intestinal stem cell organoids of cystic fibrosis patients. Cell stem cell, 13(6), 653-658.

[43] Chauvin, N. C. (2018). Custom-Edited DNA: Legal Limits on the Patentability of CRISPR-CAS9's Therapeutic Applications. Wm. & Mary L. Rev., 60, 308.

[44] Tebas, P., Stein, D., Tang, W. W., Frank, I., Wang, S. Q., Lee, G., ... & Holmes, M. C. (2014). Gene editing of CCR5 in autologous CD4 T cells of persons infected with HIV. New England Journal of Medicine, 370(10), 901-910.

[45] Koo, T., & Kim, J.-S. (2016). Therapeutic applications of CRISPR RNA-guided genome editing. Briefings in Functional Genomics, 16(1), 40.

證明，CRISPR/Cas9 可在實驗室條件下可以達到殺死具抗藥性結核病。[46]

　　由於傳統治療方法均須利用服用或注射藥物，使藥物在體內中發揮作用達到治療的效果。然而，這種方法僅是治標不治本。因此，有研究者開始想要利用基因編輯體細胞的方式，從根本源頭解決病灶。由於 CRISPR/Cas9 並非自然存在於人體細胞中，因此 gRNA 及 Cas9 蛋白不是直接運送到細胞中，就是需要透過實驗設計，利用病毒載體插入細胞的 DNA 中，以利細胞本身自行產生 gRNA 和 Cas9。而以直接注射複合物到目標細胞具有許多好處，由於隨後細胞的防禦作用會在 24 小時內破壞該複合物，因此這有助於避免脫靶效應的發生。[47]

　　CRISPR/Cas9 也可用於編輯生殖細胞，實驗方法與對體細胞的編輯十分相似，僅是變成在精子、卵細胞或者在融合不久的胚胎中注射。因為編輯行為是在生命早期進行的，所以實驗者係希望隨著受精卵開始分裂，校正後 DNA 會擴散到所有細胞中。[48] 雖然修改生殖系細胞有可能終結不育基因的困難，並對所有遺傳性疾病的搶先治療，得以一勞永逸、以絕後患。然而，背後忽略的是，編輯過後的基因可以透過生殖傳遞給與下一代。當我們無法確切明白我們修改過的是什麼基因時，孰能安心此舉究竟是替子嗣們所為治療行為，抑或是將另一種未知風險交由後代承擔的轉嫁行為？

第三節　CRISPR 近年實際應用

　　在 2019 年末，隨著一項由 CRISPR Therapeutics 及 Vertex Pharmaceuticals 所主導的臨床試驗結果出爐，也揭示了首例利用 CRISPR 基因編輯技術應用

---

[46] Rock, J. M., Hopkins, F. F., Chavez, A., Diallo, M., Chase, M. R., Gerrick, E. R., ... & Schnappinger, D. (2017). Programmable transcriptional repression in mycobacteria using an orthogonal CRISPR interference platform. Nature microbiology, 2(4), 1-9.

[47] 同前揭註 43，p.311。

[48] 同前揭註 43，p.312。

於臨床治療的成功。[49]研究團隊利用其研發的 CRISPR/Cas9 基因療法「CTX001」，分別為兩位各自罹患地中海貧血及鐮刀型紅血球疾的病患輸入經過 CTX001 編輯過的胎兒血紅蛋白（fetal hemoglobin）。經過持續觀察，患者術後的併發症皆已被解決。鑑於這些實驗數據，也證實了以 CRISPR/Cas9 為基礎而建立的「CTX001」技術，有潛力成為治療鐮刀型貧血及地中海貧血患者的基因療法。另一方面，另一間名為 Editas Medicine 的生技公司也正躍躍欲試。[50] 實驗團隊希望能以 CRISPR 技術治療一種稱為萊伯氏先天性黑矇（Leber congenital amaurosis）的遺傳性視網膜病變，並且可望在 2020 年開始第一起臨床試驗。[51] 在中國方面，對於 CRISPR 技術的研究也不遑多讓。於 2019 年，由北京大學和清華大學組成的生命科學聯合中心研究團隊，完成了中國首例以基因編輯幹細胞治療愛滋病和白血病患者的創舉。研究團隊將 CRISPR 編輯過的 CCR5 的造血幹細胞（Hematopoietic stem cells, HSCs）和造血前驅細胞（Hematopoietic progenitor cells, HPCs）移植進一名同時患有 HIV-1 及急性淋巴細胞白血病的患者中。在手術結束後，急性淋巴細胞白血病已完全緩解，並且經過 19 個月觀察，患者短暫停藥後，CD4+細胞有明顯上升，證明經過該基因編輯之結果有效抵禦愛滋病。不過研究團隊也坦言，雖然移植幹細胞成功，並且某程度抑制了愛滋病，但是由於淋巴細胞內具有 CCR5 缺失的比例仍然過低，因此對此仍值得繼續研究觀察。[52]

---

[49] CRISPR Therapeutics and Vertex Announce Positive Safety and Efficacy Data from First Two Patients Treated with Investigational CRISPR/Cas9 Gene-Editing Therapy CTX001® for Severe Hemoglobinopathies.Available at: https://investors.vrtx.com/news-releases/news-release-details/crispr-therapeutics-and-vertex-announce-positive-safety-and（最後瀏覽日：2020/1/8）

[50] First Human CRISPR Trial in the US Aims to Cure Inherited Blindness.
Available at: https://singularityhub.com/2019/07/28/first-human-crispr-trial-in-the-us-aims-to-cure-inherited-blindness/（最後瀏覽日：2020/1/8）

[51] Editas Medicine Announces Third Quarter 2019 Results and Update.
Available at: https://www.globenewswire.com/news-release/2019/11/12/1945237/0/en/Editas-Medicine-Announces-Third-Quarter-2019-Results-and-Update.html（最後瀏覽日：2020/1/8）

[52] Xu, L., Wang, J., Liu, Y., Xie, L., Su, B., Mou, D., ... & Zhao, L. (2019). CRISPR-edited stem cells in a patient with HIV and acute lymphocytic leukemia. New England Journal of Medicine, 381(13), 1240-1247.

　　上述的實驗結果證明 CRISPR 經過數年的技術革新，已經走向不同於以往的層次。許多依先前技術無法解決的問題，基因編輯技術均可以以經濟、有效率的方式迅速解決。然而，儘管許多成功案例在眼前，也不能就恣意地將 CRISPR 推崇至如此高貴的地位，畢竟 CRISPR 仍然有許多缺失存在，如脫靶效應、鑲嵌現象、基因驅動（gene drive）等等，更不用說倫理學者聞之色變的生殖系基因體編輯。因此，為了解到基因體編輯之嚴重性，本書接下來開始討論基因編輯嬰兒事件之事實，以及其所牽涉的倫理、法規層面問題。

第三章　基因編輯嬰兒事件

第一節　近年來利用 CRISPR 編輯人體基因引起之爭議

　　自 CRISPR 技術的發現，為基因工程帶來了前所未有的簡便性和精確性，它可用於操縱胚胎裡 DNA，以了解人類發育的最早階段，還能夠透過基因體編輯修復人類遺傳疾病的基因突變。在這般美好的前景之下，不免隱藏著科學家及倫理學家的擔憂，人們擔心若是基因體編輯在臨床上可以避免疾病，那麼是否會進而用於非治療性的基因編輯行為，例如基因增強或消除某種特徵。由於對人類基因體的改變將通過世代相傳而產生長遠影響，加劇了人們對胚胎編輯所產生無法預料後果的擔憂。[1]

　　這些倫理上的憂慮，早在此次基因編輯嬰兒事件發生之前就已經存在，並且隨著近年來一次又一次對胚胎進行基因編輯的行為，而愈發受到注意。接下來本書將介紹在本次基因編輯嬰兒事件前，中國、英國及美國對於胚胎編輯所進行的重大實驗，並且從先前案件探究國際間對於 CRISPR 基因編輯胚胎的反映為何？是否有無作出相應的規範及回應，以制止更為嚴重的行為發生。雖然從結果論來看，已能得知各國對於生物倫理上的積極管制程度，應該不及於生物技術的發展速度。

---

[1]　Ledford, H. (2015). Where in the world could the first CRISPR baby be born? Nature 526, 310-311.

一、2015 年中國科學家 黃軍就

　　倫理學家對於人體胚胎基因編輯的顧慮提出不久，[2]、[3] 中國科學家即對此開了第一槍，觸碰到長久以來科學界對於胚胎基因編輯所設立的底線。2015 年中國中山大學黃軍就團隊在 *Protein & Cell* 發表了全球第一篇利用 CRISPR 技術修改人類胚胎基因的論文。在這篇論文中，研究標的是採用由一個卵與兩個精子結合而成三套染色體（tripronuclear/3PN zygotes）的胚胎，並且利用 CRISPR/Cas9 技術來修改 β-球蛋白基因（β-globin gene, HBB）的基因序列，而 β-球蛋白基因的變異，是造成地中海貧血（β-thalassemia）的原因之一。該團隊總共注射了 86 個胚胎，在存活的 71 個胚胎中，CRISPR 僅成功地修剪了 28 個。此外，透過全外顯子組測序研究團隊發現不少的脫靶效應以及鑲嵌現象，而依照當今技術是無法藉由胚胎著床前基因診斷來預測基因的編輯結果，所以在論文的最後強調了此為 CRISPR / Cas9 臨床應用所面臨的挑戰。[4]

　　黃軍就實驗一發表即受到國際生物學界的反彈，著名科學期刊 *Nature* 和 *Science*，認為其研究涉及嚴重倫理問題和潛在的社會問題，為了避免其應用導致無法預期或者不安全的後果，兩家期刊均拒絕該論文的刊載。[5] 不僅如此，這項實驗的也驚動了美國管制單位，美國國家衛生研究院（National Institute of Health, NIH）於此實驗公布後重申不會資助任何在人類胚胎中使用任何基因編輯技術的實驗。[6] 並且使得美國國會開始意識到當前鬆散的管制方法是否妥適，

---

[2]　Lanphier, E., Urnov, F., Haecker, S. E., Werner, M., & Smolenski, J. (2015). Don't edit the human germ line. Nature News, 519(7544), 410.

[3]　Baltimore, D. et al. (2015). Biotechnology. A prudent path forward for genomic engineering and germline gene modification. *Science* 348, 36–38.

[4]　Liang, P., Xu, Y., Zhang, X., Ding, C., Huang, R., Zhang, Z., ... & Sun, Y. (2015). CRISPR/Cas9-mediated gene editing in human tripronuclear zygotes. Protein & cell, 6(5), 363-372.

[5]　Cyranoski D, Reardon S. Chinese scientists genetically modify human embryos. *Nature* April 22, 2015. Available at: www.nature.com/news/chinese-scientists-genetically-modify human-embryos-1.17378. (最後瀏覽日：2019/12/6)

[6]　Statement on NIH funding of research using gene-editing technologies in human embryos. Available at: https://www.nih.gov/about-nih/who-we-are/nih-director/statements/statement-nih-funding-res

是否該立法進一步禁止 FDA 許可任何涉及具可遺傳修改的存活胚胎，或可用於創建此類胚胎的精子或卵子的研究。[7]

　　不過，此次實驗並非僅為基因倫理帶來爭論的素材，也是拜該實驗之賜，發現到 CRISPR 技術的不足之處。若要廣泛利用此技術，必須先克服修剪成功率和大量脫靶突變的問題，並且於該論文末段討論中亦表示，須迫切進一步研究 CRISPR／Cas9 基因編輯在人類中的機制，尤其在應用於任何臨床之前，應徹底研究 CRISPR／Cas9 的脫靶作用的影響。此外，由於實驗團隊使用的是不正常的胚胎，這樣一來便不會正常發育為胎兒，藉此能夠避免實驗結束「後」的倫理問題。因此，本次實驗總的來說，不應該全然地飽受批評。尤其在生物技術的興起及生命科學領域的國際競爭之下，各國對基因倫理的界線也仍在摸索中，而該實驗間接地推動了相關研究在倫理上的討論與辯論，甚至許多英國研究機構均表態應該繼續 CRISPR 的研究，甚至承認在胚胎上進行研究的合理性及倫理性。[8]、[9] 隨著國際間對於人體胚胎基因編輯的態度轉變，進而促成 2015 年 12 月第一屆人類基因編輯國際峰會的召開，該峰會係由美國國家科學院、美國國家醫學院、中國科學院和英國皇家學會共同舉辦，旨在討論基因編輯技術帶來的潛在應用，以及由此可能帶來的監管、社會和法律問題。終於，經過數日眾多學者的討論後，峰會聲明除了呼籲國際監管的重要性外，亦承認了在特定情況下胚胎基因編輯倫理上的容許性。[10] 此一聲明一出似乎為黃軍就的實驗

earch-using-gene-editing-technologies-human-embryos（最後瀏覽日：2019/12/6）

[7]　US Congress moves to block human-embryo editing.
Available at: https://www.nature.com/news/us-congress-moves-to-block-human-embryo-editing-1.17858（最後瀏覽日：2019/12/14）

[8]　Initial joint statement on genome editing in human cells.
Available at: https://wellcome.ac.uk/what-we-do/our-work/emerging-science-technology（最後瀏覽日：2019/12/6）

[9]　Statement on Genome Editing Technologies and Human Germline Genetic Modification.
Available at: http://www.hinxtongroup.org/Hinxton2015_Statement.pdf（最後瀏覽日：2019/12/6）

[10]　Olson, S., on Science, C., & National Academies of Sciences, Engineering, and Medicine. (2016). International summit on human gene editing: A global discussion. In International Summit on Human Gene Editing: A Global Discussion. National Academies Press (US).

做了背書，某方面承認了其實驗若係為了治療疾病且未影響人類生殖應該具有正當性。

二、2016 年英國科學家 Kathy Niakan

英國人類受精與胚胎學管理局（Human Fertilisation and Embryology Authority, HFEA）於 2016 年 2 月批准了倫敦 Francis Crick 研究所 Kathy Niakan 研究團隊的申請，允許將基因編輯技術 CRISPR/Cas9 用於健康的人類胚胎。[11] 與先前黃軍就所進行的實驗相比，這除了是全球首次由國家管制機構所批准的相關研究外，本次亦是首次由國家許可於健康的人類胚胎細胞上進行基因編輯。

本實驗目的是了解人類胚胎成功發育所需的基因——*OCT4* 基因（也稱為 *POU5F1*）。[12] 論文內容主要在探討 *OCT4* 基因活性於胚胎發育時所生的影響，*OCT4* 基因是一種轉錄因子，作用是在 DNA 轉換成 RNA 的過程中，使得胚胎幹細胞維持多能性（pluripotency），並在繼續形成胎兒的細胞中具有活性，於胚胎發育完成後便會失去活性。亦即說若想要對 *OCT4* 基因進行修改，僅有在胚胎發育初期才能進行。Kathy Niakan 研究團隊利用了 58 個胚胎進行研究，這些胚胎是由接受試管嬰兒治療的夫婦捐贈的，並且經過當事人的事前同意，表示願意將多餘的胚胎作為研究用途。實驗內容是以小鼠及人類胚胎作為實驗標的，透過 CRISPR/Cas9 技術破壞 *OCT4* 基因，再注入到受精卵，等待其發育一周，以探究該基因對於胚胎正常發育的影響，並於實驗結束後銷毀。實驗結果表明，*OCT4* 在胚胎早期發育中具備的功能性作用，並且可能在人類發育中可能比在老鼠中更為重要。該研究所得的結論，對於理解人類胚胎如何健康發育極為重要，實驗所獲得的知識，有助於解釋為什麼有些婦女為何懷孕失敗，並以此作為突破口，改善體外受精後胚胎發育，並為不孕症患者提供更佳的治療

---

[11] HFEA approval for new genome editing techniques.
Available at: https://www.crick.ac.uk/news/2016-02-01-hfea-decision （最後瀏覽日：2019/12/6）

[12] Fogarty, N. M., McCarthy, A., Snijders, K. E., Powell, B. E., Kubikova, N., Blakeley, P., ... & Maciulyte, V. (2017). Genome editing reveals a role for OCT4 in human embryogenesis. *Nature*, 550(7674), 67-73.

方法。

　　在 2015 年，Kathy Niakan 研究團隊便已經向 HFEA 提出申請。當時，國際生物學界剛經過黃軍就的爭議，尤其此次研究是編輯「正常」胚胎細胞，原本應該更令人緊張。然而，本次實驗所受的批評並非如預期一般激烈，雖然仍有人會擔心有訂製嬰兒以及優生學潛在可能的危險。[13] 不過，亦有學者喜聞樂見，如英國愛丁堡大學的生物倫理學學者 Sarah Chan 即認為，HFEA 若有良好的監管，在批准研究前進行了謹慎考慮，得以使英國作為其他國家的榜樣。[14]

三、2016 年中國科學家 范勇

　　鑑於中國對於基因編輯發展的野心以及較為鬆散的法規制度，無獨有偶地，出現了第二個對胚胎進行基因編輯的實驗。2016 年 4 月，廣州醫科大學的廣東省產科重大疾病重點實驗室及普通高校生殖與遺傳重點實驗室范勇博士研究團隊在國際期刊 *Journal of Assisted Reproduction and Genetics* 上發表論文，成為繼黃軍就之後，國際上第二篇有關於基因編輯胚胎的論文。[15]（按：此時 Kathy Niakan 僅進行實驗，尚未投稿。）

　　范勇團隊欲利用 CRISPR/Cas9 基因編輯技術來修改 *CCR5* 的免疫基因。*CCR5* 基因有機會在一些特殊人種中發生突變（稱為 *CCR5* Δ 32），因為這個突變能改變 CCR5 蛋白結構，使其阻止 HIV 病毒進入 T 細胞，具有這種突變基因的人能夠抵抗特定的愛滋病感染。因此實驗目的欲透過 CRISPR/Cas 技術對 *CCR5* 等為基因進行基因編輯，測試是否可以將這種天然存在的有益基因引入

---

[13] British researchers get green light to genetically modify human embryos.
Available at: https://www.theguardian.com/science/2016/feb/01/human-embryo-genetic-modify-regulator-green-light-research（最後瀏覽日：2019/12/6）

[14] UK scientists apply for licence to edit genes in human embryos.
Available at: https://www.nature.com/news/uk-scientists-apply-for-licence-to-edit-genes-in-human-embryos-1.18394（最後瀏覽日：2019/12/6）

[15] 全球第二：我院范勇博士團隊運用人類胚胎基因編輯技術實現 HIV 免疫。
載於：http://www.gy3y.com/xwzx/ylxjs/a_103669.html（最後瀏覽日：2019/12/6）

人類早期 3PN 胚胎中。實驗總共使用 213 個 3PN 受精卵，並且實驗過後存活時間不超過 3 天，亦無法進行體內發育。

　　實驗結果顯示，在 26 個受精卵中僅有 4 個受精卵成功修復成為 *CCR5△32* 基因，實驗成功率約為 15%。並且也發現先前研究證實 CRISPR 會存在的鑲嵌現象，不過由於 3PN 胚胎具有三倍體染色體，因此很難斷定是由於基因編輯而引起的鑲嵌現象。然而，此次實驗並未在預測的脫靶區域發現有缺失基因突變，亦即沒有脫靶效應的產生。[16] 雖然實驗結果看似不夠完美，但在論文最後研究者仍然懷抱著對於基因編輯的期許，提出幾個待解決的倫理及科學問題，另外也向大眾呼籲在解決道德和科學問題之前，應該嚴格禁止透過修改早期胚胎來產生基因編輯人類。首先，對於任何人類生殖系基因編輯，作者認為基因編輯所產生的等位基因需要精確定義，這就需要進一步提高精確修改效率，以及選擇適當的分析方法；其次，基因鑲嵌現象須解決，生殖系幹細胞的基因工程可能是一種潛在的解決方案；第三，需要進一步研究和改進技術，以確保不會引發脫靶效應；最後，對於任何引入的等位基因，即使是人類中自然存在的等位基因，也需要仔細評估將其引入不同遺傳背景的影響。[17]

　　即使范勇在論文中表態，不提倡其他研究者在尚未解決上述問題前從事相關研究，不過有學者仍然批評他的實驗本身的必要性，導入 *CCR5△32* 並讓 DNA 自行修復，即便是在無法存活的胚胎中實驗，也只不過在玩弄人類胚胎而已。[18] 由於先前即有許多相關研究證明此次實驗的結果，本次實驗區別僅是首次在人類胚胎上進行 *CCR5* 基因編輯行為。並且拿本次實驗與英國 Kathy Niakan 研究團隊所進行的實驗作比較，由於後者的實驗將得以了解終止妊娠的原因，若

---

[16] Kang X, He W, Huang Y, Yu Q, Chen Y, Gao X, Sun X, Fan Y (2016) Introducing precise genetic modifications into human 3PN embryos by CRISPR/Cas-mediated genome editing. *J. Assist. Reprod. Genet.*, 33, 581-588.

[17] 同前揭註 16。

[18] Ewen Callaway (08 April 2016). Second Chinese team reports gene editing in human embryos. Nature news. Available at: https://www.nature.com/news/second-chinese-team-reports-gene-editing-in-human-embryos-1.19718 （最後瀏覽日：2019/12/12）

在人類胚胎的倫理上辯論的話，後者應該比較站得住腳。

四、2017 年美國科學家 Shoukhrat Mitalipov

　　由 Oregon Health and Science University 的 Shoukhrat Mitalipov 研究團隊在 *Nature* 上發表了美國第一篇修改人類胚胎的論文。[19] 雖然美國並未如英國由國家管制胚胎基因編輯實驗，亦沒有禁止研究者進行類似的實驗，倒是明文禁止將聯邦資金用於涉及人類胚胎的研究。[20] 不過由於本次實驗是由私人資助的，所以本次實驗並沒有違法的問題。

　　在此篇論文公開之前，Mitalipov 早已聲名大噪。起因於其開發了一項生物技術——粒線體置換療法（Mitochondrial Replacement Therapy, MRT），能將女性捐獻者的粒線體替換掉生母帶有遺傳變異的粒線體，該技術的發明間接地使得第一位「三親嬰兒」的出生，該嬰兒出生便會擁有來自另一個女人的基因和其親生父母的基因，因此，從生物學上來說應該是具有三個「父母」。[21]、[22] 也是從那時起，Mitalipov 實驗室便著手開始了人體胚胎基因編輯實驗，希望以此改善遺傳變異在人類繁衍的影響。

　　在本次實驗中，研究團隊希望從一個名為 *MYBPC3* 的基因下手，該基因突變後會導致肥厚性心肌症（hypertrophic cardiomyopathy, HCM），HCM 是一種以左心室肥大、肌原纖維紊亂和心肌僵硬為特徵的心肌性疾病，它的臨床表現通常會造成胸痛、心臟衰竭、心律不整，嚴重的話甚至會猝死。這是一種常見

---

[19] Ma H, Marti-Gutierrez N, Park S, Wu J, Lee Y, Suzuki K, Koski A, Ji D, Hayama T, Ahmed R et al (2017) Correction of a pathogenic gene mutation in human embryos. *Nature* 548(7668), 413-419.

[20] See H.R. 2880, 104th Cong. § 128 (1996).

[21] "3-Parent Baby" Procedure Faces New Hurdle.
Available at: https://www.scientificamerican.com/article/ldquo-three-parent-baby-rdquo-procedure-faces-new-hurdle/ （最後瀏覽日：2019/12/13）

[22] Reardon, S. (2017). Genetic details of controversial"three-parent baby"revealed. *Nature News*, 544(7648), 17.
Available at: https://www.nature.com/news/genetic-details-of-controversial-three-parent-baby-revealed-1.21761 （最後瀏覽日：2020/1/18）

的遺傳性心臟病，在成人中的患病率約為 1/500，亦即每 500 個人就有可能罹患該病，在健康的年輕運動員中，HCM 造成猝死的比例更是約佔了 35%，為最常見的致死原因。以往是透過植入前遺傳學診斷，於人工受孕階段選擇不帶突變基因的胚胎進行受孕。然而，即便父母僅有一個人為異基因型，並攜帶突變基因時，仍須將一半攜帶突變基因的胚胎拋棄。因此，研究團隊期望開發預防將此突變基因傳播到下一代的方法，透過 CRISPR 基因編輯便成為拯救其餘胚胎的方法，並藉此增加用於人工生殖的胚胎數量，最終提高受孕率。

　　由於先前研究指出，在胚胎形成後所進行 CRISPR 基因編輯容易造成脫靶效應及鑲嵌現象，研究團隊為了避免此情形發生，所以選擇提前到受精過程中進行。亦即須將精子及 CRISPR/Cas9 懸浮液共同注射入卵子當中，並待精子進入卵子受精時與 CRISPR/Cas9 混合同時進行基因編輯。透過此一修改的結果意外的良好，據論文實驗結果顯示，逾半數以上的胚胎被成功地糾正了突變，並且僅有一個顯示出鑲嵌現象，在全基因體定序後，顯示任何一個胚胎表現出脫靶效應。即便實驗成功地改進 CRISPR 技術的應用，似乎解決了 CRISPR 兩個硬傷——鑲嵌現象及脫靶效應，應該是 CRISPR 技術的一大佳音，但科學界仍然有聲音質疑其研究方法、基因測定結果。[23]、[24]、[25] 不過，不同以往的是，Mitalipov 親上火線公開回應先前質疑者的問題，[26] 這樣一來一往的溝通方式恰恰符合了學者們所提倡的公眾對話的本質。[27] 透過不同學者的觀點檢討實驗中

---

[23] Ewen Callaway (08 AUGUST 2018). Did CRISPR really fix a genetic mutation in these human embryos?. Nature news.
Available at: https://www.nature.com/articles/d41586-018-05915-2 （最後瀏覽日：2019/12/13）

[24] Ewen Callaway (31 August 2017). Doubts raised about CRISPR gene-editing study in human embryos. Nature news.
Available at: https://www.nature.com/news/doubts-raised-about-crispr-gene-editing-study-in-human-embryos-1.22547 （最後瀏覽日：2019/12/13）

[25] Egli, D., Zuccaro, M. V., Kosicki, M., Church, G. M., Bradley, A., & Jasin, M. (2018). Inter-homologue repair in fertilized human eggs? Nature, 560(7717), E5-E7.

[26] Ma, H., Marti-Gutierrez, N., Park, S. W., Wu, J., Hayama, T., Darby, H., ... & Suzuki, K. (2018). Ma et al. Reply. Nature, 560(7717), E10-E23.

[27] Howard, H. C., van El, C. G., Forzano, F., Radojkovic, D., Rial-Sebbag, E., de Wert, G., ... & Cornel, M. C.

的倫理、科學及法律問題，再回應彼此的疑問以釐清實驗問題後，為利益關係者帶來比起實驗結論背後更深層的了解，試著將科技普及、走出學術圈之外，才有實驗成功的價值。畢竟技術不論可行性與否，或者僅停留在實驗階段，受影響的人群都不僅限於實驗室內的受試者。

　　近來出現許多在人類胚胎進行 CRISPR 基因編輯的實驗，不論係在可存活或者不可存活的胚胎上進行實驗都存在一定程度的倫理問題。由於我們對於人類胚胎細胞各個階段的生理機制不全然了解，因此，當我們要治療一個不同的遺傳疾病時，往往需要花費許多時間去研究。若是容許在胚胎上進行實驗，可能會讓我們認識胚胎中的 DNA 修復機制、基因突變的成因，有助於對日後人類遺傳性疾病的治療提供更豐富的理論基礎。因此，現階段科學界對於人類胚胎研究已經不再抗拒。然而，對一般人則未必如此，對於科學技術未知的恐懼仍然會存在公眾之間，為了打破科學與倫理之間的分歧，必須找到使科學界與公眾彼此更實質性接觸的方法。因而有學者提出應建構一種新的基礎架構——全球基因編輯觀測站（A Global Observatory For Gene Editing），[28] 來促進更豐富、更複雜的對話。這些對話並非僅從科學界中產生，而是兼容多方觀點，並在此平臺上吸引不同利益相關組織參與，建立起基因編輯網路，並致力於蒐集各方資訊，將容易被忽視的觀點帶入人們的視野中，藉討論來促進科學與社會的交流。[29]

第二節　2018 年基因編輯嬰兒之事件始末

第一項　故事的端緒

　　在 2018 年 11 月 25 日，南方科技大學中國研究員賀建奎在 YouTube 上發

(2018). One small edit for humans, one giant edit for humankind? Points and questions to consider for a responsible way forward for gene editing in humans. *European Journal of Human Genetics*, 26(1), 1-11.

[28] Jasanoff, S. and Hurlbut, J. B. (2018). A global observatory for gene editing. Nature 555, 435-437.

[29] Carolyn Brokowski (2018). Do CRISPR germline ethics statements cut it?. *The CRISPR journal*, 1(2), 123.

布了一段影片，宣布他的團隊「生產」（Produce）了世界上第一對基因編輯嬰兒——露露和娜娜（Lulu and Nana）。[30] 消息爆發的時間點極為敏感，恰好適逢第二屆人類基因體編輯國際峰會。賀建奎本人也是該次峰會的報告人之一，主辦方毫不忌諱，仍然安排了賀建奎在峰會的第二天進行實驗報告，並希望能藉著公開論壇的討論釐清事情原委。該事件傳出後不免受到外界強烈質疑，除了全球媒體的輿論聲討外，中國國內的科學家也於 11 月 26 日發表聯合聲明強烈反對此「瘋狂」的行為。[31] 除了中國國內，於全球科學界間，關注此事件的倫理學家和科學家們，其中包含發明 CRISPR 技術的幾名科學家在內，共同撰文呼籲在國際管制架構建立起來前，應該暫停人類基因編輯的臨床使用，亦即透過可遺傳性細胞（在精子，卵或胚胎中）編輯而產生「基因改造嬰兒」（genetically modified children）。[32]

　　事件經過數月發酵後，賀建奎發表於 *The CRISPR Journal* 期刊上的題為「Draft Ethical Principles for Therapeutic Assisted Reproductive Technologies」的論文，被期刊審查委員會認為，可能違反公認的生物倫理國際規範和當地法規，以及未能揭露基因編輯嬰兒此事之理由，將該論文撤除。[33] 中國當局亦停止賀建奎及其團隊一切研究行為。[34] 並且，除了委由中國國家衛生健康委員會與科技部，對此事研究人員違法行為進行調查外，亦著手草擬及修改基因編輯相關立法[35]。事發後，賀建奎及其研究夥伴即因不具醫生身分，以基因編輯胚胎進

---

[30] 賀建奎拍攝之影片。載於 https://www.youtube.com/watch?v=th0vnOmFltc （最後瀏覽日 2019/1/8）

[31] 300 餘位學者聯名：十問賀建奎。載於：http://m.zhishifenzi.com/depth/depth/4711.html?from=singlemessage&isappinstalled=0&fbclid=IwAR0fSEmg40viRVYdMjjy3QqV_q6A4mDWbTRBTT8u1bIFycbz8bR-TzgkKn0 （最後瀏覽日 2019/04/19）

[32] Lander, E., Baylis, F., Zhang, F., Charpentier, E., Berg, P. et al. (2019) Adopt a moratorium on heritable genome editing. *Nature*, 567(7747), p.165.

[33] Retraction of: Draft Ethical Principles for Therapeutic Assisted Reproductive Technologies by He, J et al., CRISPR J 2018; fast track. DOI: 10.1089/crispr.2018.0051
載於：https://www.ncbi.nlm.nih.gov/pmc/articles/PMC6383508/ （最後瀏覽日 2019/04/19）

[34] Southern University of Science and Technology Public Statement.
Available at: http://sustc.edu.cn/en/info_focus/3056 （最後瀏覽日 2019/2/1）

[35] 司法部、科技部負責人就《中華人民共和國人類遺傳資源管理條例》答記者問。

行人工生殖，違反國家規範和倫理原則，涉犯非法行醫罪，被判處三年有期徒刑[36]。

1.實驗目的

　　從賀建奎在中國臨床註冊中心所記載：[37] 其動機起於 HIV 病毒所導致的愛滋病（AIDS）影響著全人類的生命、身體健康，擴及層面廣泛。迄今為止，沒有藥物或臨床技術手段可完全根治愛滋病。而第一例因骨髓移植而完全治癒（按：於原實驗之論文中稱為長期控制「Long-term control」）的 HIV 感染者是「柏林病人」（Berlin Patient）。[38]、[39] 該名患者為 HIV 陽性患者，並檢查出罹患白血病。為了讓這位病人成功活下去，主治醫生採用了一個西歐人群中罕見可以抵禦 HIV-1 的突變基因[40]、[41]—CCR5 突變基因 [42]—的骨髓配對型，希望藉

載於：http://big5.www.gov.cn/gate/big5/www.gov.cn/zhengce/2019-06/11/content_5399059.htm （最後瀏覽日 2019/11/02）

[36] Huaxia (2019 年 12 月 30 日)Three jailed in China's "gene-edited babies" trial.　Available at: http://www.xinhuanet.com/english/2019-12/30/c_138666892.htm （最後瀏覽日 2020/1/1）

[37] 賀建奎於中國臨床試驗註冊中心註冊資訊，現已被撤回。
載於 http://www.chictr.org.cn/showproj.aspx?proj=32758 （最後瀏覽日 2019/04/22）

[38] G. Hutter, D. Nowak, M. Mossner, S. Ganepola, A. Mussig, K. Allers, T. Schneider, J. Hofmann, C. Kucherer, O. Blau, I. W. Blau, W. K. Hofmann and E. Thiel. (2009). Long-term control of HIV by CCR5 Delta32/Delta32 stem-cell transplantation. *N. Engl. J. Med.,* 360(7), 692-698.

[39] 2006 年，「柏林病患」Timothy Ray Brown，發現罹患急性骨髓白血病。於化療失效之後，Brown 決定接受造血幹細胞骨髓移植。其主治醫師 Gero Hütter 成功地為他找到一位匹配的骨髓捐贈者，並且具有兩個突變的 CCR5Δ32 等位基因。而 Brown 也自此，成了第一個「被治癒」的後天免疫缺乏症候群患者。節錄自：https://case.ntu.edu.tw/blog/?p=33362 （最後瀏覽日 2019/04/22）

[40] Paxton WA et al. Relative resistance to HIV-1 infection of CD4 lymphocytes from persons who remain uninfected despite multiple high-risk sexual exposure. Nat Med. 1996 Apr;2(4):412-7.

[41] Liu R et al. Homozygous defect in HIV-1 coreceptor accounts for resistance of some multiply-exposed individuals to HIV-1 infection. *Cell.* 1996 Aug 9;86(3):367-77.

[42] 所謂 CCR5（C-C chemokine receptor type 5）為一種蛋白質，是 T 細胞表面的一種重要趨化因子受體（chemokine receptor），負責接收到相對應的趨化因子。在過往實驗中發現有些歐洲人天生具有 CCR5Δ32 （32 個鹼基對的缺失）基因，一旦 CCR5 基因突變後，會使得此一蛋白質不能正常地表現在細胞表面，繼而無法偵測到 CCR5 對應的趨化因子（Chemokines），因此對 HIV 病毒中的 R5 病毒株（只對需倚賴 CCR5 感染 T 細胞的 HIV 病毒種）具有較強的抵抗力。

由造血幹細胞骨髓移植，以「換血」之方式治療白血病。手術成功完成後，不僅成功地治癒白血病，也意外地控制住了這名病患體內的 HIV 病毒。正因為此一創舉，為根治愛滋病創造了新的醫療模式，亦成為賀建奎欲進行此一實驗的強烈動機。

2.受試者來源

　　於 2017 年 3 月，由賀建奎與一個名為「白樺林」的愛滋公益組織交流開始。賀建奎向其表示自己需要招募有關「防護愛滋病和幫助生育」計劃的志願者，並通過編輯 *CCR5* 基因「研發新型的愛滋病疫苗」。另外，為了實驗需求對受試者，也提了出了四點要求：一，男性為愛滋陽性患者，女性為愛滋陰性患者；二，女方是 20-30 歲之間（後來擴及到 35 歲）；三，夫妻雙方必須要告知是否感染；四，具有生育障礙，比如輸卵管堵塞等。透過「白樺林」進行的實驗參與者的招募，近 200 對夫妻報名，經過初次篩選後剩下 50 對，最後進入研究組的總共 20 對。[43] 愛滋患者夫妻會有如此踴躍地嘗試，主要原因歸咎於中國有明文規定，醫院不可以替愛滋病患者實施人工生殖，包括人工授精或試管嬰兒等技術。[44] 受制於該法規的夫妻，為了如願進行試管嬰兒手術，僅能轉而遠赴其他法規較為寬鬆的國家，花費重金來完成生育的過程。然而，賀建奎現在給他們一個免費的機會，並且實驗成功後，還能生育出免疫愛滋的子女，許多愛滋夫婦懷揣著何嘗不試看看的心理便參加成為受試者。

　　參考自：https://case.ntu.edu.tw/blog/?p=33362 （最後瀏覽日 2019/04/22）

[43] 愛滋病公益組織「白樺林」：曾被「吹風」兩女嬰將出生。
　　載於：http://www.bjnews.com.cn/news/2018/11/27/525331.html （最後瀏覽日 2019/04/19）

[44] 中國衛生部在 2003 年頒發了《衛生部關於修訂人類輔助生殖技術與人類精子庫相關技術規範、基本標準和倫理原則的通知》【法規文號】衛科教發〔2003〕176 號，當中明確指出了輔助生殖技術的禁忌症包括「任何一方患有嚴重的精神疾患、泌尿生殖系統急性感染、性傳播疾病」，而「嚴重性傳播疾病」即包括了患有 HIV 病毒的愛滋病患者。
　　載於：http://kns.cnki.net/KCMS/detail/detail.aspx?dbcode=CJFD&filename=WSGB200303000（最後瀏覽日 2019/04/19）

3.技術層面

　　賀建奎之個人網頁上資料，因為關閉已經無法獲取，但在中國臨床試驗中心網頁中，仍能查找到賀建奎當時註冊實驗之資料《HIV 免疫基因 CCR5 胚胎基因編輯安全性和有效性評估》，[45] 該資料指出實驗目的旨在：通過修改 CCR5 基因編輯人類胚胎，以生育出具有抵抗 HIV 感染的健康嬰兒。此外，該研究計畫提及，實驗受試者欲招募中國國內已婚夫婦，其中，所有男性參與者都是愛滋病陽性患者，所有女性參與者均為陰性。為降低其他因素影響實驗結果，故須要求男性臨床狀態穩定，病毒量小於 75 copies/ml、CD4 細胞計數大於 250 cells/μL。並且事前透過洗滌（wash off）方式，將男性參與者的精子除去 HIV 病毒，然後注射進女性參與者的卵子中，排除受試者於在 CRISPR / Cas9 基因靶序列內具有遺傳變異，以及先行透過篩選去除帶有 HIV 的精子。

　　在本次臨床實驗中，主要涉及以下兩類生物技術：生殖細胞基因編輯 (Germline cell editing)、人工輔助生殖技術(Assisted Reproductive Techniques, ART)。基因編輯技術之部分於第二章已提及，在此不再贅述。其中，人工輔助生殖技術包含：體外人工受孕（In Vitro Fertilization, IVF）、卵細胞質內單一精蟲顯微注射（IntraCytoplasmic Sperm Injection, ICSI）以及胚胎著床前基因診斷（PGD；Preimplantation genetic diagnosis），分別為第一、第二、第三代試管嬰兒技術。[46]

---

[45] 同前揭註 37。

[46] 隨著生物醫學發展，以人工輔助生殖技術生育試管嬰兒之方法已演變多種方式，依不同時期之技術分成三代：第一代：將精子卵子一同放置於培養皿中，讓精卵隨機結合，如同一般的受精狀態，僅是體外受精，這就是所謂的第一代試管嬰兒技術(IVF-ET)；第二代：又稱為卵細胞質內單一精蟲顯微注射(ICSI)。有別於第一代精卵子的自由結合，ICSI 需要在顯微鏡下操作，將卵子固定住後，再以針管吸取一個精子，穿刺過卵細胞的細胞膜，將精子注入；第三代：為胚胎著床前遺傳診斷(PGD)，以第二代的技術為基礎，偏重於胚胎著床前的遺傳診斷。當胚胎發育到 4~8 個細胞的小胚胎時，會取出 1、2 個細胞，進行遺傳學檢查，確認胚胎沒有遺傳疾病後，再進行胚胎移植。載於：https://www.ivftaiwan.tw/care/?3473.html （最後瀏覽日 2019/10/24）。

表二：實驗流程大致如下：[47]

卵細胞質內單一精蟲顯微注射及基因編輯	以卵細胞質內單一精蟲顯微注射（ICSI），將混有 CRISPR/Cas9 及 Cas9 RNP[48]（含有 Cas9 蛋白及 CCR5 sgRNA）之精子懸浮液，注射至取出 4-5 小時的成熟卵內。
胚胎培育	將受精卵於培養箱中依合適的 pH 值、溫度、濕度和 CO_2 濃度進行培養。
胚胎著床前基因診斷及全基因體定序	胚胎培養 5-6 天後，在囊胚期（blastocyst stage）對 3-6 個胚胎滋胚層細胞（trophoblast cells）進行胚胎著床前基因診斷(preimplantation genetic diagnosis, PGD) 以及全基因體定序（whole genome sequencing, WGS），檢測可能的遺傳疾病、基因編輯效率和脫靶問題（off-target effect），確保植入健康的胚胎。藉由 PGD 之診斷，得以降低出生缺陷，畸形孩子的可能性，並減少脫靶問題的風險和其他風險。
胚胎移植	使用 1.3 mm 的 Teflon 管從培養基中分離出胚胎細胞，將胚胎置於子宮底部 0.5cm 處。胚胎移植後，該婦女需要臥床 2-4 小時，限制活動 3-4 天，並接受激素治療。於植入後 2 週進行 β-HCG 檢測，觀察有無成功受孕。
追蹤檢查	對成功生產之基因編輯嬰兒，自出生始、出生後第 28 天、第 6 個月以及第 1、3、5、7、10、13、17.5 年進行持續追蹤檢測，內容如：嬰兒身高、體重、心跳、呼吸等外觀檢查，以及全基因定序之臍帶血檢驗，隨著年齡增長預計再進行內臟器官之檢查、智力測驗、HIV 感染測試。

---

[47] 現賀建奎個人網站已被關閉，以下為筆者透過網頁歷史頁面（https://web.archive.org/）所搜尋到的庫存頁面檔案。分別為賀建奎基因編輯實驗之兩份知情同意書。
Available at: http://www.sustc-genome.org.cn/source/pdf/Informed-consent-women-English.pdf；
http://www.sustc-genome.org.cn/source/pdf/Second-informed-consent-English.pdf。
（最後瀏覽日 2018/11/26）

[48] 核糖核蛋白（英語：ribonucleoprotein，簡稱核蛋白或 RNP）是指包含有 RNA 的核蛋白。

4.實驗結果

　　根據賀建奎於第二次峰會所為的回應，實驗最後僅剩 7 對夫婦（原招募 8 對，後來 1 對中途退出），產生出 31 個受精卵，不過，僅有一對夫婦懷孕，即為 2018 年 11 月生育出的雙胞胎——露露和娜娜。雖然生產的過程順利，不過依照賀建奎於峰會所提供的投影片，僅有一個嬰兒的兩套目標基因被成功編輯，另一個嬰兒沒有被完全編輯成功。美國麻薩諸塞州大學的遺傳學家 Sean Ryder 指出，雙胞胎的基因所產生的突變，均未與經過充分研究的 Δ32 缺失相匹配。並且在兩個女嬰的 DNA 中產生了完全不同的突變：其中之一（稱為露露）有 15 個鹼基對的缺失，而另一個女嬰（稱為娜娜）則有 4 個鹼基對缺失。

　　儘管 Cas9 核酸限制酶已在正確的靶位點進行切割，但細胞的 DNA 修復機制仍然以隨機方式修復切割的片段，此一結果導致這對雙胞胎都沒有與 Δ32 突變相匹配的基因突變。[49]換句話說，依最初實驗的目的是為了產生 Δ32 突變而言，賀建奎此一實驗並不能說是成功的。更需要擔心的是，於峰會當時，賀建奎與主持人 Robin Lovell-Badge 教授的對談中，得知當時尚有一名實驗對象已經受孕，亦即，本書付梓之際，世界應該已經出現了「第三個基因編輯嬰兒」。[50] 然而，關於他的身體健康狀況以及基因是否正常，於實驗過程是否有如前述情形發生，均不為外界所知，更是令人髮指。

第二項　基因編輯嬰兒涉及了什麼倫理原則？

　　起初，中國官方媒體人民日報先以「中國在基因編輯技術用於疾病預防領

---

[49] Katarina Zimmer, CRISPR Scientists Slam Methods Used on Gene-Edited Babies, The Scientist, Dec 4, 2018.
Available at: https://www.the-scientist.com/news-opinion/crispr-scientists-slam-methods-used-on-gene-edited-babies--65167（最後瀏覽日：2019/10/28）

[50] Antonio Regalado, A third CRISPR baby may have already been born in China, MIT Technology Review, July 3, 2019.
Available at: https://www.technologyreview.com/s/613890/a-third-crispr-baby-may-have-already-been-born-in-china/（最後瀏覽日：2019/10/29）

域實現歷史性突破」等語，正面地稱頌此事。[51] 報導一出不久，便被在一陣輿論撻伐後，轉向反對立法一同嚴厲批評，可見基因編輯嬰兒一事，除了不受國外學者間青睞，中國當局亦不願替賀建奎背書。考量到該事件，涉及倫理規範重大及違反相關法規，極少數人會願意挺身支持，即便有，亦不願出現於檯面上，流於學者口誅筆伐的眾矢之的。

　　隨著報章媒體報導，使得基因改造、基因編輯均被民眾視如寇讎，避之唯恐不及，其於論文當中，便極力替基因編輯除魅化，如為受基因編輯的孩子正名為「基因手術嬰兒」（gene surgery babies），而不應該再以「訂製嬰兒」（designer babies）稱呼，避免小孩一出生，即須遭受社會歧視性眼光加以看待。再呼應到賀建奎提出的五點「核心價值」（Core Principles），[52] 可得知其完全從父母以及孩子的立場出發，作為最直接的當事人，他們的權利確實不該落於人後，賀建奎替基因技術洗清污名化罪名及爭取基因手術嬰兒權利的行為，應值得肯定。並且在基因編輯事件爆發前，美國國家科學，工程和醫學研究院（National Academies of Sciences, Engineering, and Medicine, NASEM）在一份基因編輯的報告中亦指出，基因編輯既然可以減少孩子因先天性疾病的負擔，應當允許攜帶致病基因突變的準父母，能借助基因編輯技術，生育出不具遺傳變異的後代。[53] 並羅列了十項嚴格的條件，如「缺乏其他合理的替代方案」、「預防嚴重疾病或狀況」、「編輯已被廣泛證明會易於誘發特定疾病的基因」以及「確實的監管機制」等情形，僅於符合上述要件下，才可以允許進行生殖系編輯的人體試驗。[54] 此為原則禁止，例外得為之的規範方式。因此，若賀建奎之行為符合

---

[51]　【觀察】賀建奎基因改造嬰兒或釀人類災難誰該負責？
　　　載於：https://www.hk01.com/%E8%AD%B0%E4%BA%8B%E5%BB%B3/265093/%E8%A7%80%E5%AF%9F-%E8%B3%80%E5%BB%BA%E5%A5%8E%E5%9F%BA%E5%9B%A0%E6%94%B9%E9%80%A0%E5%AC%B0%E5%85%92%E6%88%96%E9%87%80%E4%BA%BA%E9%A1%9E%E7%81%BD%E9%9B%A3-%E8%AA%B0%E8%A9%B2%E8%B2%A0%E8%B2%AC（最後瀏覽日：2019/11/4）

[52]　基因編輯嬰兒：賀建奎五條倫理原則與醫學進步。
　　　載於：https://www.bbc.com/zhongwen/trad/chinese-news-46362109 （最後瀏覽日：2019/11/1）

[53]　同第二章註 2，p.188。

[54]　同第二章註 2，pp.132-134。

上述各項事由，似乎得以進行實驗。據英國媒體 BBC 新聞報導，中南大學倫理問題研究學者田曉山博士亦認為：「中國只有 2003 年制定的《人胚胎幹細胞研究倫理指導原則》，與世界各國法律明文禁止以妊娠為目的的基因編輯相比，係採取相對開放的備案制。若法律不禁止，也就可以視同是允許。」不過，田曉山博士補充道，期望政府及監管機構能夠肩負起責任，將公眾意識凝聚在政策監管方面，代表公眾對技術進行引導。依其言論，應可以認為田博士對於此事之立場較為正面。畢竟，對於研究者而言，行政法規鬆綁前瞻性研究的管制應有益於科學發展。[55]

　　西方科學界也有少數科學家對這件事的態度，顯得不那麼恐慌，甚至某程度上支持他的理念。美國哈佛醫學院遺傳學教授及 CRISPR 先驅 George Church 博士就發表其看法：「考量到愛滋病對於公共衛生的威脅有重大且日益嚴重的趨勢。……這麼做應該是有道理的。」其於 Science 雜誌受訪時亦表示：「賀建奎似乎有符合美國國家科學院的標準，並添加了自己的倫理原則。然而，即便我們已經完成了數百項動物研究，以及許多人類胚胎研究，還是可能出現影響醫療結果的鑲嵌現象和脫靶效應。它可能永遠不會為零。我們也不能等著 PET（正電子發射斷層掃描）或 X 射線的輻射降為零之後，才接受這些檢查。」[56]此外，哈佛醫學院教授 George Daley 博士亦在峰會表示：「現在是時候放下倫理許可性的爭論前進，試著勾勒出臨床轉譯醫學的道路……以便使這項技術向前發展。」然而，其補充道：「事實上，第一個人類基因編輯嬰兒的例子是一個錯誤，但這不該使我們陷入困境。……我不認為因為一個違反該領域規範的

---

[55] 同前揭註 52。

[56] Jon Cohen (Nov. 28, 2018)., I feel an obligation to be balanced.' Noted biologist comes to defense of gene editing babies. Science Magazine.
Available at: https://www.sciencemag.org/news/2018/11/i-feel-obligation-be-balanced-noted-biologist-comes-defense-gene-editing-babies （最後瀏覽日 2019/11/8）

的人，便代表科學自律的失敗。」[57]、[58] 筆者認為上述兩位學者對於此事之立場，反於多數人而偏向中立，有其理由。一方面，賀建奎初衷若屬實的話，僅屬有瑕疵的醫療行為，並非恣意地操弄人類基因。並且事已至此，若跟隨多數民意一面地抨擊此事，亦無濟於事，不妨站在客觀的立場，以較為宏觀的角度來處理當前狀況、避免於監管機制建構前，同樣事情再度發生，較為妥適；另一方面，身為該領域之專家，對於避免人民因未知科學而遭受不利益，發揮自身影響力教育大眾達到科學普及，具備某程度上的義務。[59] 職是之故，兩位學者才會適時地出面表達意見，並以其知識給出有條件允許的評論，不會由於單一事件，而摧毀了民眾對科學長久以來所建立的信任，影響整個基因編輯領域的發展性。

　　不過，在基因編輯嬰兒爆發後，對此事的抨擊遠遠勝過支持的聲量，眾多參與峰會的學者以及全球生物倫理學家均極力斥責，[60] 進而影響到一些國際組織不得不聲明表態意見 [61]、[62]、[63]。而作為邀請賀建奎參加主辦單位率先發難，

---

[57] Sharon begley (Nov 28, 2018). Amid uproar, Chinese scientist defends creating gene-edited babies. Stat news.
Available at: https://www.statnews.com/2018/11/28/chinese-scientist-defends-creating-gene-edited-babies/ （最後瀏覽日 2019/10/30）

[58] Julia Belluz (Jan 22, 2019). Is the CRISPR baby controversy the start of a terrifying new chapter in gene editing?. Vox.
Available at: https://www.vox.com/science-and-health/2018/11/30/18119589/crispr-gene-editing-he-jiankui （最後瀏覽日 2019/10/30）

[59] Church, G. (2015). Perspective: Encourage the innovators. *Nature*, 528(7580), S7.

[60] David Cyranoski & Heidi Ledford (2018) Genome-Edited Baby Claim Provokes International Outcry.
Available at: https://www.nature.com/articles/d41586-018-07545-0 （最後瀏覽日 2019/11/8）

[61] Civil society statement to the organizers of the "Second International Summit on Human Genome Editing."
Available at: https://www.geneticsandsociety.org/internal-content/civil-society-statement-organizers-second-international-summit-human-genome （最後瀏覽日 2019/11/8）

[62] Statement on Claim of First Gene-Edited Babies by Chinese Researcher.
Available at: https://www.nih.gov/about-nih/who-we-are/nih-director/statements/statement-claim-first-gene-edited-babies-chinese-researcher （最後瀏覽日 2019/11/8）

[63] ISSCR Comments on Reports of Chinese Scientists Performing Genome-Editing During Fertility Treatment.
Available at：http://www.isscr.org/professional-resources/news-publicationsss/isscr-news-articles/article-listing/2018/11/26/isscr-comments-on-reports-of-chinese-scientists-performing-genome-editing-during-fertility-treat

峰會官方表示：「該基因修改之醫療行為，是不負責任的，並且不符合國際規範。它的缺失包括醫療適應性（medical indication）不足、研究設計不當，不符合保護研究對象福利的道德標準，以及在臨床行為的擬定、審查和進行中缺乏透明度。」[64]峰會的聲明直截了當地點出反對方的有力論點。

　　除此之外，該事件所涉及的倫理問題遠不止於此。如胚胎編輯容許性，倘若作為研究目的的用途，所進行的生殖系基因編輯於當今倫理共識規範下，是否經得住起辯論；再進一步討論，若直接將編輯過的生殖細胞植入母體內，與前述作為研究的差別為何？尤其是在此事經過之後，國際組織間的態度是否改變？這些都是在以倫理原則規制研究者所需納入考量的觀點。在實驗實施程序，有關受試者同意書的公開與受試者所了解的程度是否相符，涉及到實驗對象的知情同意的程序瑕疵。另一方面，尚未出生的胎兒，事實上並不可能行使之知情同意，該如何透過父母代為行使而履行這一程序是個問題，倘若胎兒出生後，不同意父母代為執行知情同意，又是另一個問題，尤其在此問題會產生即是源自此問題的另一個問題時，該如何解決便會變得相當棘手。在研究倫理方面，除了前述提及的實驗對象福利及實驗設計不當的問題外，賀建奎本身的利益衝突以及倫理委員會審查書涉嫌偽造的爭議等等，[65]亦是研究倫理與醫學倫理交集的所在。諸如此類的問題，皆顯示出本案件在倫理規範上的不足，以及透過本案件所點出值得關注的倫理爭議。

ment?fbclid=IwAR3ThkbnxJJ9cK1G3CErNdeb5_NWRJH4bV4HjpTC2f1Bp9_1V2uBO7EOcPg（最後瀏覽日 2019/11/8）

[64] Statement by the Organizing Committee of the Second International Summit on Human Genome Editing. Available at: http://www8.nationalacademies.org/onpinews/newsitem.aspx?RecordID=11282018b&_ga=2.249302087.1763336184.1543479972-2055095648.1543479972#_ftn1 （最後瀏覽日 2019/11/8）

[65] Kleiderman, E., & Ogbogu, U. (2019). Realigning gene editing with clinical research ethics: what the "CRISPR Twins" debacle means for Chinese and international research ethics governance. *Accountability in research*, 26(4), 257-264.

第三項　基因編輯行為違反了什麼法律？[66]

　　本案件除了上述所提及的倫理問題外，也有違反相關法規的部分。而在這些法規範中，又存在著特定的規定在管制違反諸如此類的倫理爭議。因此為避免本案所涉及的法律問題涵蓋範圍過廣、討論過於發散，本書僅著重在研究程序、臨床實施等相關法規。根據基因編輯不同實驗階段亦有相應的法規範在予以規制，其中又可以再分為實驗審查、倫理審查等不同程序的審查。而生殖系基因編輯主要有三種階段：第一種為基礎研究階段，研究者主要在實驗室進行對生殖細胞進行研究，生殖細胞作為實驗流程的載體，其所修改基因的細胞非最終實驗目的；第二種為臨床研究階段，由研究者招募受試者，以其為實驗載體作為研究對象，由於涉及到人體試驗，因此與倫理的連結更加密切；第三種為臨床實施的階段，與前兩者相比而言，僅在前兩項實驗均已呈現出顯著性的療效，並且風險與效益達到均衡時才能於人體上進行，因此對於倫理的保障應當最為嚴謹。而其中本事件乃直接對受試者的生殖細胞進行編輯，再將該修改過的細胞植入母體內受孕。依前述事實，本事件僅涉及到第二及第三個階段，故本書以下以該事件於臨床試驗及人工生殖可能牽涉的法規範為主：

1.實驗審查未通過

　　臨床試驗是指以人為對象的實驗研究，透過分配受試者至不同的醫療干預措施，以評測出醫療干預對其健康影響之結果。而所謂「醫療干預」包括但不限於藥物、細胞及其他生物試劑、外科治療、放射治療、預防性治療等，或是安全性對照實驗、病理學研究以及各種試劑、設備、技術的診斷性實驗，上述相關臨床研究均需註冊並公告。[67] 而之所以需要註冊公告，除了因為所有臨床試驗均被視為一種科學、倫理責任，科學家必須對其實驗之受試者為一定的責

---

[66] 為避免本書探討範圍失焦，故筆者於此部分，並不討論純粹民事上侵權、契約或者刑法等問題，僅著重討論涉及基因編輯、人工生殖、醫學臨床技術等規範。
　　關於本案涉犯非法行醫罪的討論請參考：余秋莉（2020），〈論人體生殖系基因編輯行為的刑法應對──兼評賀建奎「基因編輯嬰兒」案〉，《法律適用》，第 4 期，頁 22-33。

[67] 中國臨床試驗中心。載於：http://www.chictr.org.cn/registry.aspx （最後瀏覽日：2019/10/31）

任外，亦對社會倫常具有相當的義務，因此實驗計畫負責人需要公開其研究以供其他研究者或者國家審查單位檢驗。此外尚有以下原因：如作為保全醫療相關決策均具備的證據，以及提高類似或相同試驗的曝光程度，以避免研究者為不必要的重複試驗，或者提供其他研究者發現該試驗之缺失，進而改善提高其醫療功效等等作用。[68]

據中國臨床試驗註冊中心發布之公告所述，2018 年 11 月 8 日已通知賀建奎臨床試驗「HIV 免疫基因 *CCR5* 胚胎基因編輯安全性和有效性評估」的補註冊申請，並暫時給予該實驗註冊號碼 ChiCTR1800019378。然而，因其未能於 11 月 28 日提供原始數據供審查，亦未回答有關該實驗倫理審查、知情同意過程、研究設計、實驗實施地、經費來源等資訊。因此，試驗註冊中心駁回其補註冊申請，並將該實驗的進行狀態更新為「中止或暫停」。[69] 如果沒有通過審核，不僅補註冊申請將被駁回，官方會將撤銷原因上傳至世界衛生組織國際臨床試驗註冊平臺（International Clinical Trials Registry Platform , ICTRP）供全球查詢，學者之研究論文亦會因為該實驗未註冊，而難以通過期刊委員會審查。更甚者，未經審查單位核可逕行實施實驗也會違反相關規定。

2.倫理審查涉及造假

先前所提及，賀建奎在中國臨床試驗註冊中心註冊的記錄中，附有提交到深圳和美婦兒科醫院倫理委員會的申請書副本，申請書上有「深圳和美婦兒科醫院」的蓋章，委員會審批意見一欄也載明「符合倫理規範，同意開展」，並且附著七名審查委員的簽名。[70] 然而，據中國媒體報導，深圳和美婦兒科醫院方面表示，從未參與賀建奎「基因編輯嬰兒」任何實驗環節，並且委員會成員亦否認簽署倫理審查文件。[71] 經中國官方調查結果，已證實賀建奎乃私自偽造

---

[68] WHO 國際臨床試驗註冊平臺。載於：https://www.who.int/ictrp/zh/（最後瀏覽日：2019/10/31）

[69] 同前揭註 37。

[70] 同前揭註 37。

[71] 基因編輯：中國科學家賀建奎引爆倫理爭議。載於：https://www.bbc.com/zhongwen/trad/science-46348907（最後瀏覽日：2019/10/31）

倫理審查書，藉以規避監管。[72]、[73] 未經過倫理審查之臨床試驗，於各國法規範下應不容進行。更不用說該倫理審查係經由偽造所作，除了有於倫理層次背離研究倫理之規範，更有違倫理審查相關法規範。

3.臨床實驗標的之規範

　　首先，關於胚胎研究來源的審查，由於人體生物材料的獲取、使用及處理方式涉及敏感資訊、倫理爭議及管制上需要，國際幹細胞研究學會提倡，應由從事人類胚胎研究的專家組成的組織負責審查，並且審核標準須符合國際認可的倫理原則及該國法律規範。藉由專門組織依照特定流程進行審查，以確保弱勢團體之知情同意有被落實，並保障其利益不被剝削利用。另外就胚胎來源的限制，依照不同法規範之差異，是否限於特定渠道的胚胎來源才能被用作研究用途，這也是依情況而定。賀建奎本實驗係為透過受試者提供的胚胎而進行臨床試驗，目的為透過編輯人類胚胎 *CCR5* 基因，以獲得出生便得以避免 HIV 的健康小孩，不過欲達到該目的勢必得借助人工生殖之方法。各國法規範所規定之胚胎來源是否包含未來將用作人工生殖用之胚胎，不無疑問。更不用說，將該實驗用胚胎以人工生殖之方式植入人體內，該行為與胚胎之倫理更為密切。國際間對此均未取得共識之前，想當然耳，當今法規範亦不允許。

　　其次，即使在允許對人類生殖細胞進行研究的法體制中，又會涉及可研究的期限為何？最知名的相關規範為 14 天法則（14-day rule），之所以會將研究用胚胎限制在 14 天以前，乃因人類胚胎尚未分化出神經等結構，尚不具有「人」的特徵，因此較不涉及倫理上的衝突。該規定是由美國衛生、教育和福利部的倫理諮詢委員會在 1979 年首次提出。並於 1984 年獲得英國 Warnock 委員會的支持以及 1994 年美國國立衛生研究院的人類胚胎研究小組的支持。[74] 雖然該

---

[72] 基因編輯初步調查 廣東省：賀建奎私自組織。
　　載於：https://www.cna.com.tw/news/acn/201901210182.aspx（最後瀏覽日：2019/10/31）

[73] Guangdong releases preliminary investigation result of gene-edited babies。
　　載於：http://www.xinhuanet.com/english/2019-01/21/c_137762633.htm（最後瀏覽日：2019/10/31）

[74] Embryology policy: Revisit the 14-day rule. Available at: https://www.nature.com/news/embryology-policy-

原則已經樹立了數餘年，倫理觀念也逐漸放寬，但該原則仍被大多國家所承認，並在管制人工輔助生殖和胚胎研究的法規裡均有相關規定，其中也包含中國的《人胚胎幹細胞研究倫理指導原則》。

4.不符合人工生殖之規範

本事件除了前述基因編輯部分，另一部分也涉及到人工生殖相關規範。由於人工生殖技術與婦產科相關醫療業務，與人體的侵入性程度較高且具有一定技術性，多專屬於醫師業務範圍內之職責。[75] 因此，為婦女實施人工生殖時須在主管機關核可之機構內，並交由受過專業訓練之醫師進行。本案例中，雖然未明確得知是否由賀建奎本人執行該程序，然其實驗團隊不具有醫師資格之成員，深圳和美婦兒科醫院之倫理審查又經查涉嫌偽造，因此應無任何醫療相關單位能夠替其背書。縱認該倫理審查為合法，深圳和美婦兒科醫院亦非核准之機構。依現今所獲之資訊，可認為本件的人工生殖程序乃違反應於主管單位核可之機構以及應由醫師進行的相關規定。

5.知情同意程序瑕疵

無論是研究項目還是醫療臨床，醫療機構之醫護人員或者研究人員均應充分地履行知情同意，這項程序既是尊重受試者或病患自主權的倫理要求，更規範在許多國家醫療相關法規之核心原則。由於在研究方面或是在診療活動中，受試者或者患者均為程序中的弱勢，知情同意和倫理審查係對其保護的必要手段。[76]

在本案例中，賀建奎雖然在獲得參加者的同意所進行研究，但同意的過程仍有疑義。因其提供給參與者的同意書為兩份，分別為 23 頁及 5 頁的文件，全

---

revisit-the-14-day-rule-1.19838#/b7（最後瀏覽日：2019/11/1）

[75] 蔡甫昌、莊宇真、賴品妤（2019），〈生殖系基因編輯之倫理法律分析：以中國基因編輯嬰兒為例〉，《臺灣醫學》，23 卷 2 期，頁 143。

[76] 劉瑞爽（2019），〈基因編輯嬰兒事件相關法律問題探析〉，《醫學與哲學》，第 40 卷第 2 期，總第 613 期，頁 24-25。

文均以英語書寫，並且還夾雜使用了許多術語。[77] 依此，難認所有的實驗參與者均可以完全地瞭解其實驗目的及內容，並且也不清楚與受試者面談時，對於契約條款之講解是否足夠清晰或如實陳述。由此觀之，受試者簽署知情同意書僅為完成知情同意之形式，不能認為該實驗有符合知情同意核心目的之要求。

此外，同意書內也規定了研究者的免責條款（如在同意書第三條第一項中規定，在計畫執行階段，如果受試者與醫療機構之間有任何對權利和義務的爭議，以契約簽訂為準，計畫團隊對此不負責。）以及懲罰性條款（同意書第六條第五項之規定，規定了若於特定期間退出實驗後，逾期歸還賠償，須要再繳納十萬人民幣）。姑且不論償還費用於契約自由下的合法性，要求罰款的威脅已經嚴重侵害了受試者退出的自主意志，應已違反了受試者知情同意的自主性原則。[78]

6.計畫實施者的利益衝突

據報導宣稱，賀建奎不僅為南方科技大學的教授，其名下還擁有 8 家公司，包括深圳因合生物科技有限公司及其子公司、深圳市瀚海基因生物科技有限公司等，多為與基因檢測、基因研究相關的生物技術公司。這些公司的總註冊資本為 1.51 億人民幣，其中註冊資本最高的是深圳市南科生命科技公司，由其大股東正是南方科大旗下的深圳市南科大資產經營管理公司。[79] 雖然並非身為研究者即不能創立公司或者充任代表人，但於實驗實施時須將此利益衝突之情事公開予受試者得知，並交代於實驗審查及倫理審查單位以公開。此舉乃為了保障受試者之權益，防避研究者圖謀自身利益而陷受試者於不顧所進行的公開程序之一環。

然而從知情同意書所揭露的內容得知，研究團隊負擔每對夫婦的試驗費用

---

[77] 同前揭註 47。

[78] Li, J. R., Walker, S., Nie, J. B., & Zhang, X. Q. (2019). Experiments that led to the first gene-edited babies: the ethical failings and the urgent need for better governance. *J Zhejiang Univ-Sci B*, 20(1), 36.

[79] 李心茹（2018.11.28），基因編輯嬰兒製造者賀建奎 曾獲 2 億多投資。大紀元時報。載於：https://hk.epochtimes.com/news/2018-11-28/5028507 （最後瀏覽日：2020/3/2）

28 萬元，該經費雖然來自南科大，惟賀建奎本人所實施的實驗均與旗下之公司具有一定程度的關聯，並且南科大直接參與該計畫之資金投注，賀建奎本人均未在同意書內揭露該利益衝突之情事。種種證據均能證明，本案件存在計劃實施人與資金挹注者和受試者間的利益衝突問題，如此一來，該實驗之公信力將大打折扣，並難以客觀評價該實驗結果。

　　在接連幾次胚胎臨床前實驗的出現，便透露出研究者們對於人類胚胎基因編輯實驗的渴望，而國際間亦隨著數次實驗的發表，道德倫理上的爭論越發分歧。從第一起於人類胚胎基因編輯實驗便能看出端倪，監管機構對於科技發展無時無刻不繃緊神經，當實驗內容壓迫到傳統倫理道德時，往往會傾向保守的態度，不是不予以國家資金資助，便是希望藉由法令禁止來抑止相關研究的進行；相反地，研究單位對於生物技術發展樂觀其成，尤其在人類胚胎上的實驗得以為日後臨床治療所用時，更是積極表態支持，應該盡快就生殖細胞基因編輯達到國際共識，而不是由於單一事件使得科學界因噎廢食。[80] 然而在賀建奎事件後，強化了保守方的立論基礎，擔心基因編輯嬰兒成真後對人類所帶來的影響，世界各國的科學家無不在探討如何建立更強大的保障措施，以及為實現研究透明度和討論出該如何使用 CRISPR 技術而展開了更深入的公開對話。其中，一些具有影響力的科學家向大眾呼籲，全球應該暫停任何可遺傳性人類基因體編輯的實驗，以避免類似的情形再次上演。[81] Doudna 博士卻持相反見解，認為僅僅勸說研究者停手已不再足以面對當前局勢，反倒是利益相關者必須在不扼殺生物技術的情況下，認真地思忖基因編輯所蘊涵的倫理原則，並制定因應相關技術的法規。[82]

　　其中本書提及諸多倫理原則及涉及到法律層面的議題，雖然每個倫理原則於各個層面均有其內含的價值，然而篇幅原因無法將本事件所牽涉的倫理原則

---

[80] Victor J. Dzau, Marcia McNutt & Venki Ramakrishnan (2019). Academies' action plan for germline editing. Available at: https://www.nature.com/articles/d41586-019-00813-7 （最後瀏覽日：2019/12/15）

[81] 同前揭註 32。

[82] Doudna, J. (2019). CRISPR's unwanted anniversary. Science, 366(6467), 777.

均予囊括，故本書僅就特別重要的倫理議題加以討論，如知情同意、利益揭露、透明化、研究對象福利及實驗風險等問題於第四章拓展說明。另一方面，該實驗所包含的兩個部分：基因編輯及人工生殖，雖於技術尚可硬性區分，然而於法規層面所涉甚廣，與此相關的法規程序繁雜。姑且不論傳統民事法及行政法規，於基因編輯層次，不僅涉及胚胎研究及臨床應用的相關法律，也擴及到醫事相關法律；在人工生殖部分又有專門管制該醫療行為的法律。為了不偏離本書探討生殖系基因編輯之本旨，於各國法規範之探討將著重有關基因編輯之管制、實施及應用等相關法律，並接續在討論完本事件之倫理規範後，於第五章繼續分析。

第四章　「倫理」於基因編輯的發揮的作用

第一節　生殖系基因編輯，國際間怎麼說？

在生物技術突飛猛進的現今社會中，生物醫學倫理無非是為了維護人類長遠發展的重要考量之一。而在技術成長到壓迫到族群利益時，要人類為了虛無飄渺的倫理議題，而放棄追求個人利益，絲毫沒有期待可能性。因此，此時該如何勸退誤入歧途的科學家選擇走回正軌，幫助其做出正確的抉擇，需要倚賴足夠公信力的倫理規範，並且藉由國際組織所推行的倫理原則，凝聚成為國際共識，加以匡正研究者。

而就生殖系基因編輯而言，牽涉到人類種族的基因共同性，修改過的基因會經由繁衍影響到後代。因此，在基因編輯剛被人們應用，及產生許多對於該技術的倫理討論。在此前提之下，聯合國教育、科學及文化組織 (United Nations Educational Scientific And Cultural Organization, UNESCO)即在 1997 年通過《Universal Declaration on the Human Genome and Human Rights》，[1] 並在第一條即揭示了人類基因體之意義，由於人類基因體意味著人類家庭的在根本上的統一性，在象徵意義上，基因是人類共同的遺產。並且表明了相關人員的權利及義務，如第五條載明，只有在對有關的潛在危險及好處進行嚴格的事先評估

---

[1] 《Universal Declaration on the Human Genome and Human Rights》Adopted by the General Conference of the United Nations Educational, Scientific and Cultural Organization at its twenty-ninth session on 11 November 1997; endorsed by General Assembly resolution 53/152 of 9 December 1998.
Available at :https://www.ohchr.org/EN/ProfessionalInterest/Pages/HumanGenomeAndHumanRights.aspx
(最後瀏覽日 2020/2/13)

後，並根據該國法律的其他各項規定，才能進行針對個人的基因進行研究、治療或診斷；並且須得到相關人員的事先、自願和明確同意，如有關人員不能表態，則應由法律從其最高利益出發予以同意或授權；以及其後需要交代個人的遺傳檢查結果或影響。另外，在第七條及第九條的部分，則涉及了被研究者遺傳數據的保密規範。宣言本文總共包含了二十五條，其中包含了人性尊嚴、相關人員權利、研究應用及其條件等等相關規章性措施。並且在 1999 年又發布了指導方針，以確保宣言目的被各國妥善地遵守、實施。[2] 隨後，為了貫徹上述宣言的意旨，相繼在 2003 年 2005 年發布了《International Declaration on Human Genetic Data》[3]和《Universal Declaration on Bioethics and Human Rights》，[4] 分別對人類基因數據的採集、處理、使用、儲存作出規範，並加強當今科學界生物倫理的意識。

　　而在其他國際組織方面，也積極地對基因編輯表示其立場，例如集結國際間倫理學者、科學家、法律學者等跨組織專業人士所組成的 Hinxton Group 於 2015 年發表一份聲明，該聲明不僅討論基因編輯作為基礎科學研究的可行性，亦承認在滿足所有安全性、效力和治理要求的情況下，基因編輯技術在人類生殖中，是能夠以符合道德期待的方式加以利用。不過，據該聲明仍對當時使用該技術持著保留態度，並表示仍需對於安全性、有效性的認定標準、倫理可接受度、公平正義（如為何人開發、誰能藉此來獲得治療）、管制體系，以及藉此技術出生的人長期生理健康狀況等等，都是在實際進行基因編輯之前需要納

---

[2]　UNESCO 30 C/Resolution 23. Records of the General Conference 30th Session: Paris, 26 October to 17 November 1999. Vol. 1: Resolutions. Paris: UNESCO, 2000, pp. 60–61.
　　Available at: http://unesdoc.unesco.org/images/0011/001185/118514e.pdf　（最後瀏覽日：2020/2/14）

[3]　UNESCO. 32 C/Resolutions. Records of the General Conference, 32nd session, Paris, 29 September to 17 October 2003, v. 1: Resolutions. Paris: UNESCO, 2003, pp.39-46.
　　Available at: https://unesdoc.unesco.org/ark:/48223/pf0000133171.page=45　（最後瀏覽日：2020/2/14）

[4]　UNESCO 33 C/Resolution 15. Records of the General Conference 33rd Session. Paris, 3–21 October 2005. Vol. 1: Resolutions. Paris: UNESCO, 2005, pp. 74-80.
　　Available at: http://unesdoc.unesco.org/images/0014/001428/142825e.pdf　（最後瀏覽日：2020/2/14）

入考量的因素。[5]

　　而先前已提過，由美國科學研究單位 National Academies of Sciences, Engineering, and Medicine（NASEM）於 2017 年所發布的共識研究報告中，[6] 提出了在特定情況下，能夠允許使用人類生殖系基因編輯的十項標準：

1. 缺乏合理的替代選項；
2. 僅限於預防嚴重疾病或症狀；
3. 僅限於被可信地證明會引起或者使人高風險罹患該疾病或病狀的基因；
4. 僅限將此類基因轉換為人群中普遍存在、與一般健康狀態相關、幾乎沒有不良影響的已知版本；
5. 提供該處置的風險及潛在醫療利益的可信的臨床前及（或）臨床數據；
6. 在臨床實驗期間對研究參與者的健康及安全進行持續的嚴格觀察；
7. 在保障個體自主的前提下，擬定長期、多世代追蹤研究的全面計劃；
8. 保障病患隱私的同時，提供最大程度的透明度；
9. 持續再評估健康及社會上的益處及風險，包含納入公眾廣泛而不斷的意見；
10. 有可信賴的監管機制得以避免被擴張使用到除了預防嚴重疾病或病狀以外的情形。

　　由英國的 Nuffield Council on Bioethics 於 2018 年發布一項有關基因編輯以及人類生殖的報告。[7] 該報告從社會角度觀察，探討受到基因編輯所影響的三種主體的利益：受到基因編輯所的個人、其所生活的社會及總體意義上的全人類族群。分別探求各自追求的利益和其所衍生的義務，以及彼等利益風險之相互關係。除此之外，亦依據不同的監管層級（如監管單位、英國政府、各個國

---

[5] Chan, S., Donovan, P. J., Douglas, T., Gyngell, C., Harris, J., Lovell-Badge, R., ... & On Behalf of the Hinxton Group. (2015). Genome editing technologies and human germline genetic modification: The Hinxton Group Consensus Statement. *The American Journal of Bioethics,* 15(12), 42-47.

[6] 同第二章註 2，pp.132-134。

[7] Nuffield Council on Bioethics. (2018) Genome Editing and Human Reproduction: Social and Ethical Issues. London: Nuffield Council on Bioethics.

家）提出富有建設性的建議。最後該報告亦表態並提出兩項倫理原則，在符合
該原則時應該允許生殖系基因編輯的實施：

　　原則一：未來人類的福祉

　　基因編輯胚胎之治療方式，僅限於確保其出生後其福利受到保障，並且與
未來人類福祉是一致時，始得進行。

　　原則二：社會公平正義與穩定性

　　用於基因編輯的生殖細胞或者胚胎的使用，應當只有在其不會產生或加速
社會分化、邊緣化或不利於社會的某些群體下，才能被允許。

　　綜觀近年國際組織所發布的倫理聲明（見附註一），灼然地表露其立場，
一方面指出生殖系基因編輯特定情況的容許性，某程度上是替未來生殖系基因
編輯背書，也為基因編輯技術的發展給定了明確方向；另一方面，也相應地提
出對於監管更良善的指導方針，就其發展設下限制，防止基因編輯技術一旦踰
矩，便落入無法補救的局面。雖然從 2015 年開始，國際間對於基因編輯的態
度，從過去未知的恐懼當中逐漸邁出，轉向為有條件式開放，顯示出對生物技
術的掌握以及倫理上的討論、共識的形成及公眾討論，有助於國際間對於基因
編輯的了解。然而，有學者質疑國際共識的效力，認為國際宣言是某種折衷方
案，僅供願意遵從的科學家、醫師效法，不具備真正的執行力，這便是此類國
際宣言侷限性所在。並且在某程度上，僅是確保了人類基因體編輯研究能夠繼
續進行，而非促使人們反思我們是否應該編輯人類生殖系。[8] 尤其在經過賀建
奎事件之後，又削弱了生殖系基因編輯研究原先逐漸明朗化的樂觀態度。因此，
若要使倫理上的爭議能獲得更全面性的解答，須交由更為翔盡且組織化的國際
倫理指引來加以規範。

　　首先，依照基因編輯之目的不同，可以將其區分為研究取向及臨床取向，

---

[8]　Carolyn P. Neuhaus. (2018) Should We Edit the Human Germline? Is Consensus Possible or Even Desirable?
　　Available at: https://www.thehastingscenter.org/edit-human-germline-consensus-possible-even-desirable/
　　（最後瀏覽日：2020/2/19）

再按不同使用途徑由相應的管制方法加以約束。根據世界醫學會 2013 年所修訂的《赫爾辛基宣言》[9] 及國際幹細胞研究學會（ISSCR）2015 年增修的《幹細胞研究和臨床轉化指南》[10] 兩大倫理規範標準，對於基因研究以及人體臨床試驗均有符合國際共識的倫理規範。在這些倫理規範中，採用諸如「知情同意」、「研究倫理委員會之標準」、「利益衝突」、「公開透明」等程序上倫理議題；再參考先前國際共識、學者爭論之「胚胎基因編輯之容許性」、「父母是否可以代為同意」等實質上的倫理議題。據此，本書認為人類胚胎基因編輯主要存在程序及實質上的倫理爭議。為探究基因編輯之倫理爭議，又囿於篇幅所限，筆者僅從中擷取核心倫理議題，並於接下幾節分別依基因編輯過程之「實驗參與者」、「實驗流程」所涉及的倫理原則進行討論。

第二節 定性是基因編輯嬰兒事件是否符合倫理之前提

一、定性之意義

在討論基因編輯之前，需要先將基因編輯之目的及手段作明確的定性。定性的目的，可能是一種程序手段，也可以關注社會、哲學和倫理問題的媒介。[11] 在程序層面，將一項醫學行為定調為治療行為或者研究行為，涉及到適用的法規範、需要經過何種程度的審查及病患相關權利的保障。因此若一項醫學行為被確認為治療行為或被定性成研究行為，會相應地影響到醫療人員或者研究者執行方法的變動，研究行為與治療行為相比之下較不具急迫性，因此審查內

---

[9] 世界醫師會《赫爾辛基宣言》
載於：http://www.femh-irb.org/content_pages/files_add/doc_arb/L01_10306241106.pdf （最後瀏覽日：2020/2/19）

[10] 《幹細胞研究和臨床轉化指南》
載於：https://www.isscr.org/docs/default-source/all-isscr-guidelines/guidelines-2016/guidelines-for-stem-cell-research-and-clinical-translation-may2016---chinese2da71a731dff6ddbb37cff0000940c19.pdf?sfvrsn=6 （最後瀏覽日：2020/2/19）

[11] So, D., E. Kleiderman, S. Touré, and Y. Joly. (2017). Disease resistance and the definition of genetic enhancement. *Frontiers in Genetics* 8(40): 3.

容應該更為嚴謹，尤其在病患的權益保障上更不容忽視。在倫理層面，將一項醫療干預行為定性為基因增強或者基因治療，與國際共識對基因干預行為的容許性有關。若是研究者進行毫無必要的基因增強行為，可能會受到倫理上撻伐；但倘若是執行適當的基因治療，便得以預防、治療或抵禦疾病。因此，為探究本事件基因編輯究竟係屬何種行為，本書將從上述角度下，探討以下兩種分類方式──(1) 治療行為、研究行為以及(2) 基因治療、基因增強。

二、定性分類

1.治療行為 v. 研究行為

　　臨床醫學旨在為個別患者提供最佳醫療服務，從醫學倫理上來講，它需要遵守不傷害原則（nonmaleficence）、行善原則（beneficence）等原則：具備行善原則的治療是指醫生得以盡責地執行醫療手段，以促進特定患者的健康；而根據不傷害原則，在於防止及除去傷害，避免病人承擔任何不當的醫療風險。並且醫師使用科學知識來照顧患者所從事治療性實驗，其目的僅能在於尋找最佳治療方法。相反地，臨床研究並非專門用於患者個人的治療行為，前述所提及適用於臨床醫學的的原則在臨床研究中並不適用。臨床研究著眼於產生「普遍性知識」（generalizable knowledge），通過對當前受試者進行實驗，供研究者了解該疾病及為患者尋求其治療方法，其最終目標是藉由臨床試驗而獲取疾病資訊，來改善未來的患者的醫療環境。[12]

　　將研究與治療區分的其中一個原因是：在臨床醫學中可能發生利益剝削現象。如品行不佳的的醫生會為圖謀私利，有可能執行不必要的醫療手段，以賺取診療費用。因此，僅有當醫師秉持誠信進行醫療行為時，醫師和患者的利益才是一致的，患者始得以恢復健康或減輕痛苦。相比之下，在臨床研究中，即使研究人員行為端正，研究者和患者的利益也可能產生分歧。患者身為受試者，通常會希望尋求治療效益（therapeutic benefit），從實驗中獲得治療效果或者參

---

[12] Franklin G. Miller and Howard Brody (2003). A Critique of Clinical Equipoise: Therapeutic Misconception in the Ethics of Clinical Trials, Hastings Center Report 33, no. 3 (2003): 21.

與研究的利益；研究者則主要對開發科學知識感興趣，不過無論研究者的動機為何，受試者在研究過程中都有可能在容許範圍內受到不利益。[13]、[14] 由此可知，由於參與實驗的患者係出於自願性，所以就醫生對患者所造成不利益的容許性，應該比起醫療行為還來得高。

　　雖然有學者認為，強硬地將研究與治療區分開來為一個假議題，由於疾病的病徵與個人情況有關，同一種疾病在個體間有可能變化很大，因此每位醫生在進行診斷和治療患者時都是在操作一個小型研究項目。[15] 確實如此，醫生進行醫療行為時，為了解有關患者的病情，的確像如操作研究一般，需要按照醫療標準作業流程按部就班執行。那麼這是否表示治療行為本質上即等同研究？抑或是本質上，有關「研究」的定義即有問題？想要解決這個問題，首先應了解「治療行為」與「研究行為」之間的區別實益，係為使病患能夠從醫生的醫療目的中，做出盡可能正確的選擇。若是歸屬於研究領域，研究目的及患者與醫生互動的影響，對於患者格外重要，所以須要特別謹慎注意且翔實說明。[16] 科學家對於其所實施的行為，主要關注其研究目的是否達成或有無達到醫療效果，對於究竟係屬治療抑或是研究並不感興趣，這讓單純以其研究內容或實驗方法作為標準的區分，難於說明哪些行為應屬於研究行為。

　　由於臨床研究與醫療行為，兩者都是由醫生在臨床環境中進行的，並且兩者都經常使用類似的診斷和治療干預措施。因此研究行為與醫療行為並非總是涇渭分明，此爭議在醫師進行隨機對照試驗（Randomized Controlled Trial, RCT）時猶為顯著。醫生在進行對照試驗時，需要在其中一方施用實驗藥物，而另一方則是給予安慰劑。因此有人開始質疑，是否醫生在進行臨床試驗亦具有治療義務？不過這實屬對於臨床研究的誤解，起因為臨床試驗通常被稱作「治療研

---

[13] 同前揭註12。

[14] Kass, N. E., Faden, R. R., Goodman, S. N., Pronovost, P., Tunis, S., & Beauchamp, T. L. (2013). The research-treatment distinction: a problematic approach for determining which activities should have ethical oversight. Hastings Center Report, 43(s1), S5.

[15] Lewens, T. (2006). Distinguishing treatment from research: a functional approach. J Med Ethics. 32: 425.

[16] 同前揭註15。

究」（therapeutic research），而研究者就被認為具有治療意圖。[17] 然而，研究與治療歸根究底仍分屬不同行為，不因為其名稱而改變。當然這不是排除醫生對受試者給予高標準治療的理由，亦不該致使研究設計讓參與者遭受不合理的健康風險。[18] 當今臨床試驗倫理與臨床試驗實踐並存，透過「臨床平衡」（clinical equipoise）與相似性立場的審查，只要有被證實存在有效治療的方法，就應該排除了安慰劑對照試驗。[19]

　　另一個區分治療行為與研究行為的目的是：在臨床背景下，分辨出與患者進行的何種行為，應受到法規和監督單位的約束。臨床研究通常需要通過管制單位（如研究倫理審查委員會或生物安全委員會等）的審查才得以進行實驗，並且對於實驗內容及流程均有相關法令特別管制，以促使研究得以在符合倫理需求及不傷害受試者利益下進行；然而，在進行臨床治療時，儘管仍有可能使患者置於不合理的醫療風險當中，卻未如研究行為由第三方監督單位進行前瞻性的倫理審查程序，難以防範醫療人員進行未經證實臨床效益或具有未知風險的醫療行為。[20]

2.基因治療 v. 基因增強

　　以現今全球共識，是否得以基因治療為目的對人類進行基因體編輯，還未有明確的見解；[21] 不過對於以基因增強為目的所實施的基因編輯行為，大多數都強烈地反對，其中尤以可遺傳性基因體的編輯實驗為甚。因此，現階段若要討論該試驗是否正當？得否於特定條件下進行？僅能在該事件落入「基因治療」的範疇下才有可能進行，以下討論才具意義。然而何為治療？有認為治療係指，

---

[17]　同前揭註 12. p.20。

[18]　同前揭註 15. p.427。

[19]　同前揭註 15。

[20]　同前揭註 14，S11。

[21]　Open Letter Calls for Prohibition on Reproductive Human Germline Modification. Available at: https://www.geneticsandsociety.org/internal-content/open-letter-calls-prohibition-reproductive-human-germline-modification?id=8999 （最後瀏覽日 2019/11/22）

恢復生理功能至正常水平來消除機能障礙的行為，若用於改善功能至此正常水平之上的程序則超出了治療範圍，以使患者優於一般人，通常被稱為增強。儘管這種區別似乎很直白，但由於治療和增強有時具有相同的改善目的，以及何謂正常情況之間的分歧，因此將兩者作區別更加複雜。[22] 此外，兩者的區別也會受到時間的推移而發生改變，如以前某些形式的人工輔助生殖被視為增強，但在現今已廣泛實施，儼然成為輔助不孕婦女生育的治療方法。[23]

由此可知，基因治療為一廣義的醫學名詞，足以概括以基因相關技術治療個體的醫療行為，難以具體特定，因此以探討是否為基因增強以區分，或許是可行的方法。而欲判斷是否為「基因增強」（Enhancement）之前，有必要先定義何謂「增強」？是獲得偏離正常（Normal）的態樣？還是具有異於自然（Nature）的表現？大多數的基因疾病都是具有 DNA 突變，所以在基因疾病時，以「正常」作為與突變之患者區別的名詞而言，並不會有太大困難。然而，「正常」一詞，亦適用於表現型（Phenotype）或由基因型（Genotype）和環境之間的相互作用產生的個體性狀，不過性狀（如身高、體重、聽覺或視覺等）的常態區間（Normal Distribution）分佈範圍很廣，並且可能受到許多先天或後天因素的影響，因此，以「正常」來定義「增強」的範圍並非理想的方式。[24] 與此相比，「自然」一詞較為妥適，自然並非等同於健康或安全，自然仍有可能有其先天上的危險性，因為在自然界中存在的遺傳變異可能會幫助人類更為健康，也可能造成人類罹患某種疾病。於該脈絡下理解，自然界中並不存在一個「正常」人類基因體序列。相反，人類基因體序列有多種變異，所有變異都存在於人類基因庫中，從這個意義上講，不論是有利或不利人類生存，它們都是「自然」的。[25] 同前所述，許多變異是天然產生的，但是否致死取決於染色體變異的個

---

[22] McKeown, A. J. (2014). Re-thinking the distinction between therapy and enhancement: a study in empirical ethics (Doctoral dissertation, University of Bristol), p.58.

[23] Hofmann, B. (2017). Limits to human enhancement: Nature, disease, therapy or betterment. BMC Med Ethics 18 (56): 5.

[24] 同第二章註 2，p.138。

[25] 同第二章註 2，p.139。

數及環境的影響，例如：鐮刀型紅血球貧血症，若是擁有兩個不正常血紅素基因的人，會變造成局部缺血、貧血等症狀，但在瘧疾盛行的非洲，該疾病卻成為瘧原蟲感染的罩門，得以抵禦遭受瘧疾侵害。因此，藉由更改正常血紅素基因為鐮刀型的突變型，則可能會被視為是一種「基因治療」或「預防性改變」。然而，若容許此類型的基因編輯，也有可能造成另一種結果，例如將基因改變為人類基因庫中不存在或少見的變異型，若這種變異產生有益的作用，這時便會被認為是一種基因增強。[26]

　　另一個討論定性的觀點，是從「治療」的角度來看，「治療」粗略的意涵應該為對疾病的治療。其中，關於疾病的預防通常也被認為包括在內。例如，欲降低一般健康狀況且沒有致病性變異的人罹患乳癌的風險，普遍被認為不是治癒疾病，而是預防可能發生的疾病，但是這種增強抵抗力的行為，通常會如同接種流感疫苗一樣，被認為是治療上的預防措施。[27] 由此可知，基因治療行為因為環境及基因的變化，而又再被細緻地類型化區分成，一、單純恢復個體正常功能的一般基因治療（Therapy）；二、有增強個體某種程度特徵或能力的基因增強（Enhancement）；三、由於環境因素或者避免未來罹患某種疾病所進行的「基因預防措施」（Prevention）；四、假設未出生的胎兒因基因檢測發現，其認知能力較為低下或者具有暴力侵略行為可能，而藉由醫學介入方式將其恢復通常身體健康和功能，該行為既不會預防疾病，也不會增強其超出正常物種水平的能力，此稱之為矯正（Remediation）。[28]

　　然而，就上述四者的區分，科學界仍未給出一個穩定且有效的區別標準，不過回歸到本件的議題上，依然可以得出就「去除 CCR5 基因以避免未來罹患愛滋病之可能」一事上可能具有基因預防的效果，雖然本件是經由人為方式所更改的基因序列，不過 CCR 基因的缺失於自然界已經存在，所以仍應屬於自然

---

[26]　同第二章註 2，p.139。

[27]　同第二章註 2，p.145。

[28]　Lagay, F. (2001). Gene therapy or genetic enhancement: does it make a difference? AMA Journal of Ethics, 3(2).

的基因型態。先前有學者表示，將稀有的天然基因變異引入胚胎應該被認為是增強，因 CCR5 基因編輯的結果，使得受基因編輯的人體得以根據環境暴露來調節風險，如此一來，增加傳染病抵抗力即可能代表一種增強。然而，與「正常」的概念一樣，由於等位基因頻率本身可能隨時間或地理環境而變化，難以在生物群體中的將稀有與正常劃清界限。[29] 並且任意將諸如 CCR5 基因之類模稜兩可的干預措施，標記為增強措施，可能會減少公眾的支持，進而對政策制定產生重大影響。[30]

三、解決方法

　　本書欲區辨系爭事件，是否係醫療行為或者研究行為，乃因為中國於 2018 年所施行的《醫療技術臨床應用管理辦法》第四十七條規定：「人體器官移植技術、人類輔助生殖技術、細胞治療技術的監督管理不適用本辦法。」該辦法及相關管理規則主要在管制臨床研究之部分，是以，在新法案施行通過前，似乎對於以基因體編輯進行治療的行為，以及其後所進行的人工生殖行為，於該行政法規中產生管制真空的情況。因此，本書就本實驗之定性之見解認為，應將本件區分成兩階段而判斷。在實驗前期階段仍應該依前述標準判定，治療與研究之差別在於，研究主要目的係發展出科學知識。而本實驗目的也表明為，藉由 CCR5 基因編輯人類胚胎，獲得避免 HIV 健康小孩。[31]並且依賀建奎之認知，其執行的是涉及「HIV 免疫基因 CCR5 胚胎基因編輯」的臨床實驗，人工生殖技術不過是該實驗後階段的臨床部分。故即便依該管理辦法不處理人類輔助生殖技術的部分，前部分仍屬於研究範疇，仍然應受該管理辦法所管。

　　另一方面，如同前述所言，增強的定義模糊不清，其概念會隨著時空而改變，以此模糊的標籤作為判準，可能會導致於倫理上辯論莫衷一是。若要從本質上討論於生殖細胞進行基因編輯一事，監管單位應該考慮使用更為具體的描

---

[29]　同前揭註 11，pp.3-4。

[30]　同前揭註 29。

[31]　同第三章註 37。

述方式。鑑於我們對此類實驗經驗不多、缺乏充分了解，現階段在人類胚胎中使用 CRISPR 可能產生的鑲嵌現象和脫靶效應亦未完全解決，因此為了使能夠被遺傳給後代的基因編輯能夠遵守嚴格規範，在將醫療干預行為認定為增強措施時，應將各種風險納入考量。所以即使在當前情況下未有明確的區辨標準，仍應基於公共利益，將處於灰色地帶的案件，以務實的角度歸類為增強或不增強，藉此作為實驗容許性的參考因素。若依照上述類型化區分，可以認為基因預防是某種程度的治療行為，事前將基因編輯成不易致病的型態，如同未得流感前先注射疫苗一般，或許在倫理層面是說得過去的。然而這僅是表示「基因預防」這一動機可能被容許，並不代表整個實驗流程以及基因體編輯均被視為正當。更何況去除 CCR 基因也有可能增強認知能力，而賀建奎本人也知悉該實驗，卻未特別留意，[32] 所以在其為預防受到愛滋病感染的表象下，殊難想像沒有隱藏著基因增強的企圖在內。

第三節　基因編輯要件之倫理審查

就基因編輯之倫理爭議，最為直接也是最為關鍵的問題為生殖系基因編輯之容許性，筆者於第一節已將近年國際組織就生殖系基因編輯之態度所作之聲明整理於附表。可以簡單地將當今國際間就生殖系編輯之共識歸納，僅限於權衡該技術之風險及效益後，對該個體及全人類無不良影響；並且在累積足夠研究基礎、嘗試過臨床試驗，所得的科學證據得以支持實驗之目的；以及在經過公眾參與辯論後，凝聚出穩定且多數人同意的使用界線。在符合上述嚴苛的條件下，才能容許以治療為目的進行基因體編輯。由於該倫理共識在近年以逐漸成為共識，在該事件後亦不至於變動過多，因此本書以下便遵循該國際共識的脈絡下，探討可進行基因編輯的其他倫理議題。

其中與基因編輯對象有關的便是受試者以及實驗計畫者，而受試者又牽涉到同意基因編輯的父母以及被編輯過的胚胎。除了上述討論的胚胎編輯容許性

---

[32] Lovell-Badge, R. (2019). CRISPR babies: a view from the centre of the storm. Development, 146(3),3.

外，接續在這之後的是，父母可否決定子女基因？即便父母身為實驗參與者，實驗標的也確實是他們的生殖細胞，然而其終究並非被編輯的主體，待胚胎形成之前，又無法胚胎的事前同意，此時父母是否有權利為自己或者為未出生的子女決定他的基因？在承認此前提後，需要考量下一步的問題是，這樣的修改是否有助於達到治療的目的？也就是滿足醫療適應性的問題。

在計畫實施者的方面，為了釐清針對「人」與「事」的倫理議題，本書將實驗人員本身與實驗程序分開討論。實驗程序待下一節說明，就實驗人員的部份，主要涉及到其實驗核心目的是否正當，由於研究者欲突破現今倫理共識將引起諸多爭議，若要進行此類臨床實驗的話，需要打下足夠牢固的倫理基礎以支撐爭議性的實驗。

第一項 實驗對象

1.基因編輯中同意主體與個體自主性

如同醫療行為一樣，臨床研究在進行前也必須履行知情同意，以確保受試者了解實驗的潛在風險和益處。知情同意是臨床研究中倫理規範的基礎，獲得參與臨床研究的受試者的知情同意，乃臨床試驗研究者的倫理及法律最低要求。[33] 然而，與傳統醫療醫學不同的是，如今被研究對象為未出生的胚胎，該如何達成這個倫理目的，便成為基因編輯實驗中難以解決的首要問題。另外，前述所言，基因編輯不僅對個體產生影響，是否需要得到全社會的同意？又或者後代的同意？當然，欲獲得全人類或後代的同意如癡人說夢，殊難想像。但是不代表此類影響全人類族群及後代的實驗無法獲得他們的同意就不得執行。就全人類族群之同意，我們能夠藉助於國際組織，國際組織能藉由其權威性號召公眾參與討論，並藉此獲得國際共識取代全人類族群的同意；至於後代的同意取得與否與方式，如發明新型技術，我們也未能獲得後代之同意，人類依然在每個時代都有改變未來的創新產品被發明出來，這些發明也確實改變後代的生活

---

[33] Kadam, R. A. (2017). Informed consent process: A step further towards making it meaningful!. *Perspectives in clinical research,* 8(3), 107.

習慣。然而，儘管缺乏直接的同意，這道程序仍然是開啟干預性臨床研究的關鍵前提。因此，取而代之的是，藉由父母的同意來替代後世人類的同意。因為每個生殖系臨床研究都可能影響婦女的身體健康、完整性以及家庭隱私。知情同意可以幫助提高實驗性質的透明度，並在符合醫療水準的基礎上保護父母的權利。[34]

　　此外，有論點認為，該關心的並非是否得到後代的同意，而是後代的自主性。如德國當代哲學家 Habermas 認為，基因組成的偶然性與我們作為個體生活的能力極為相關。僅有通過偶然而非設計的方式賦予我們基因，我們才能從自然中生長並自主地生活。並且，透過細胞分化的過程，或許會改變我們的倫理認知，僅有我們自然生長才會讓我們認知到自己是自己生命的主人。[35] 因此，一旦我們想要改變未來個體的基因時，無異於破壞他們的自主權，[36] 並否定其作為自身主人的權利。對於 Habermas 來說，自我是其社會化的產物。不過這並不意味著個體不能享有自主性。由於 Habermas 的論點係奠基於，個體的誕生是其「社會化命運」（Socialization Fate）與「自然命運」（Natural Fate）之間的差異點所在。這種差異應源於個體的自然出生，而非人為操弄。[37]、[38] 而改變人類基因的舛訛之處在於，透過社會力量決定了我們的特徵。通過編輯我們孩子的基因，允許我們依照社會價值觀來確定他們的遺傳性狀，並剝奪他們擁有由自然界決定的基因體的自主權。[39] 不過，其實人類無時不刻被社會所影響，例如農業發展確實改變了人類基因對澱粉及乳糖的吸收，[40] 因此無法否定透過

---

[34] Ranisch, R. (2017). Germline genome editing and the functions of consent. *The American Journal of Bioethics*, 17(12), 28.

[35] J Habermas (2003). The future of human nature, *Polity: Cambridge*, p.42.

[36] Gyngell, C., Douglas, T., & Savulescu, J. (2017). The ethics of germline gene editing. *Journal of Applied Philosophy*, 34(4), 507.

[37] Pugh, J. (2015). Autonomy, Natality and Freedom: A Liberal Re-examination of Habermas in the Enhancement Debate. Bioethics, 29(3), 148.

[38] 同前揭註 35，p.59.

[39] 同前揭註 36，p.508.

[40] Luca, F., Perry, G. H., & Di Rienzo, A. (2010). Evolutionary adaptations to dietary changes. *Annual review*

社會型態改變而影響人類的基因的正當性。或許有認為這種改變與上述的社會影響不同，因為生殖系基因編輯乃有意圖地、更侵略性地改變我們孩子的基因，所以應該要具備倫理上的重要性。不過，其實當父母為未成年的子女決定人生、興趣、志向時，父母的行為與上述的操控行為並無二致，甚至於某些情況中，有過之而無不及。因此，難以認為在進行基因編輯係剝奪孩子的自主權。相反地，若對其進行生殖系基因編輯係為了消除遺傳疾病，反倒是擴大了他未來從事其他活動的自主性。[41]

因此，真正重要的不是後代的同意或者自主性，而是後代所獲得的利益是否遠超出面臨的風險。[42] 即使我們不可能預知未來人類的利益為何，但將父母的同意作為其子女福利的保障，也能夠當作是判斷後代利益不確定性的最合理辦法。[43] 由於，物種會為了自己的基因能夠有益的繁衍下去，往往會選擇對其繁衍較有效益的基因，此為自然使然。因此可以推斷，父母於正常情況會選擇對後代較具優勢的性狀，不論是較為良好的身體狀態或者避免特定遺傳疾病，父母均是在子女處於最大利益的前提下履行同意。

與此同時，再衍生出進一步的問題，所謂較為優勢的性狀係父母觀點判定，抑或社會價值觀來決定？於正常情況，當然父母傾向會與社會價值觀保持著一致性。然而，無法肯定沒有反於正常的情形發生，例如一對聾啞的父母倘若想要與其一樣具有聾啞性狀的子女的話，應如何防止父母替小孩決定劣勢的基因？為解決此類問題，倫理及法治兩個規範架構各自發展出了解決方法。於倫理層次，生物倫理學家 Julian Savulescu 對此議題提出了一套名為「Principle of Procreative Beneficence」的理論。據該理論一對父母於可挑選胚胎時，應該選擇不具有遺傳變異或者疾病的胎兒，使其能夠正常健康的成長，才不會因為胎兒

---

of nutrition, 30, 291-314.

[41] 同前揭註 39.

[42] 同前揭註 39.

[43] 同前揭註 34.

一出生便被疾病纏身一輩子，而削弱其在社會上生長的幸福感。[44] 當然這樣的說法也飽受批評，如有學者反駁：若是透過選擇較好基因的孩子，不僅會導致優生學概念的重新返回人們視野中，也間接造成具有疾病或殘疾的孩子一出生就被社會所歧視。[45] Savulescu 對此也作出回應，人們反對遺傳選擇的原因是認為牽涉到對人性的詆毀。這些人不反對選擇本身及生育出潛能更佳的孩子的目的，而是反對具體選擇孩子的方法。不過，由於選擇係發生在配子（Gamete）上，因此不具有像對胚胎選擇一般倫理上的考量。[46] 況且，依照常理也很難想像要人們選擇基因較具問題的胚胎，而降低了其未來生活水準的的原因、動機為何。另一方面，英國法律特別禁止選擇具有遺傳殘疾或疾病的胚胎，而不是選擇健康的胚胎。即便父母雙方均為殘疾人士，並且不認為自己的殘障影響到良好生活的情況也是如此。[47] 除此之外，在 ISSCR 發佈的《幹細胞研究和臨床轉化指南》中亦對「不具知情同意能力的研究受試者」提出建議。[48] 在對不具備有效知情同意能力的受試者進行實驗時，因無法取得其知情同意，故研究過程的風險應該限制在最小風險基礎上，除非預期治療效益超過該實驗所帶來的可能風險，否則不宜進行實驗。該建議內含了保障胚胎權益的倫理價值，並經過 ISSCR 如此權威性的組織背書後，已成為各個研究機構奉為圭臬的準則。

綜合上述的觀點，姑且可以推論基因編輯胚胎一事，某程度上來說，即使由父母代為其同意，應該不至於侵害胚胎的權利及自主權，並且又在倫理上及法律上不容父母恣意做出有損胚胎利益的抉擇。回歸到本事件上，應可認為基因編輯嬰兒事件中，父母對該雙胞胎的同意，乃基於賀建奎所陳述的醫療成效，

---

[44] Savulescu, J. (2001). Procreative Beneficence: Why We Should Select the Best Children. *Bioethics*, 15(5-6), 417.

[45] Bennett, R. (2009). The Fallacy Of The Principle Of Procreative Beneficence. *Bioethics*, 23(5), 265–273.

[46] Savulescu, J., & Kahane, G. (2009). The Moral Obligation to Create Children with The Best Chance Of The Best Life. *Bioethics*, 23(5), 274–290.

[47] Smolenski, J. (2015). CRISPR/Cas9 and germline modification: New difficulties in obtaining informed consent. The American Journal of Bioethics, 15(12), 36.

[48] 同前揭註 10。

並且父母渴望獲得不會受到愛滋病感染的子女，並非希望有損子女的身體健康。於此前提上，父母替未出生的胚胎所為的同意，應能獲得倫理上的支持。

2.醫療適應性不足

所謂「醫療適應性」，係指每種治療方法，都有其能治療的病徵，這些疾病或症狀即為該治療方法的適應症，若對適應症未施以相對應的治療行為，該醫療行為即不具備醫療適應性。[49] 普遍認為本事件適應性不足的原因，主要是要使未出生的嬰兒不會受到 HIV 感染，除了於嬰兒處在胚胎時期便修改基因外，應該還存在其他更有效、風險更輕微的作法，而醫師或者研究人員應該依其專業知識，對一個特定個案作出審慎臨床判斷後，再為適當的決定。

如先前所提及「柏林病人」，為首例完全治療愛滋病的案例。於 2019 年，在 Conference on Retroviruses and Opportunistic Infections 上宣布，來自英國及荷蘭的兩個研究團隊，已成功複製了此一醫療方式，透過帶有 *CCR5 Δ32* 基因缺陷的骨髓幹細胞移植，而新增了「倫敦病人」[50]及「杜塞道夫病人」[51]的成功病例。中國也於同年九月宣布，透過 CRISPR/Cas9 技術在造血幹細胞和前驅細胞（hematopoietic stem and progenitor cells）中編輯 *CCR5* 基因，並成功移植到一名同時患有 HIV 及白血病的患者身上。後者案例於此前數案例之區別在於，病人並非直接移植「天然」*CCR5Δ32* 造血幹細胞，而是以人造編輯過的骨髓幹細胞，此舉開創全球首例利用 CRISPR/Cas9 基因編輯技術治療愛滋病。[52] 從上述案例看出，儘管現在該技術尚不純熟，不過在這些案例出現後，治療愛滋病並

---

[49] Medical Definition of Indication.
Available at: https://www.medicinenet.com/script/main/art.asp?articlekey=32545 （最後瀏覽日 2019/11/9）

[50] Gupta, R.K., Abdul-Jawad, S., McCoy, L.E. et al. (2019) HIV-1 remission following CCR5Δ32/Δ32 hematopoietic stem-cell transplantation. Nature 568, 244–248.

[51] Press release CROI 2019.
Available at: https://www.icistem.org/publication/croi-2019 （最後瀏覽日 2019/11/9）

[52] Lei Xu, M.D., Ph.D., Jun Wang, M.D., Ph.D., Yulin Liu, B.S., Liangfu Xie, B.S., Bin Su, Ph.D., Danlei Mou, M.D., Ph.D., Longteng Wang, B.S., Tingting Liu, M.D., Xiaobao Wang, B.S., Bin Zhang, M.D., Ph.D., Long Zhao, Ph.D., Liangding Hu, M.D., et al. (2019) CRISPR-Edited Stem Cells in a Patient with HIV and Acute Lymphocytic Leukemia. N Engl J Med 381:1240-1247

非絕無可能。

　　另外，除了透過高風險的手術外，若懷孕婦女為愛滋病患者，擔心將病毒傳染給胎兒，可以透過服用「抗反轉錄病毒藥物」（antiretroviral drugs），將病毒量控制在依現代技術都無法在血液中檢驗出來的水準。而在染上愛滋病後並即刻服用這些藥物的人們，也較不容易把病毒傳染給他人。[53] 即使父親為 HIV 攜帶者，亦得藉由清洗精子，將精子與精液中的病毒分離，挑選出未帶有病毒的精子後，以人工授精之方式，產生不會被父母感染愛滋的胚胎。[54]、[55]

　　最後，回歸到是否具備醫療適應性的問題，科學家之所以對該實驗嚴厲批評的原因是：儘管愛滋病毒感染是一種嚴重的疾病，但依目前技術，已經有成熟的技術可以防止病毒從受感染的父親傳染至後代，並在以後的生活中預防或治療這種感染。[56] 賀建奎之行為不是適當的處理方法，於峰會與賀建奎會談的 Robin Lovell-Badge 博士，亦於事後撰文表示：「沒有令人信服的理由或未受滿足的需求，於此情形下使用 *CCR5* 的生殖系基因體編輯。」[57] 基於醫師及研究者必須於眾多可行方法，為病患尋求一個最為適當之處置，然而現今仍有諸多方法得以預防或者治療愛滋病，賀建奎只是虛構不需要的醫療需求。因此，基因編輯來預防愛滋病之舉，於當今醫學技術水準下，難認符合醫療適應性的要求。

---

[53] HEU Infants: How Big and Bad Is the Problem?
　　Available at: https://aids.harvard.edu/heu-infants/（最後瀏覽日 2019/11/9）

[54] Semprini, A. E., Macaluso, M., Hollander, L., Vucetich, A., Duerr, A., Mor, G., ... & Jamieson, D. J. (2013). Safe conception for HIV-discordant couples: insemination with processed semen from the HIV-infected partner. American journal of obstetrics and gynecology, 208(5), 402-e1-e9.

[55] Zafer, M., Horvath, H., Mmeje, O., van der Poel, S., Semprini, A. E., Rutherford, G., & Brown, J. (2016). Effectiveness of semen washing to prevent human immunodeficiency virus (HIV) transmission and assist pregnancy in HIV-discordant couples: a systematic review and meta-analysis. Fertility and sterility, 105(3), 645-655.

[56] Using CRISPR to edit eggs, sperm, or embryos does not save lives.
　　Available at: https://www.statnews.com/2019/10/15/reproductive-crispr-does-not-save-lives/（最後瀏覽日 2019/11/9）

[57] 同前揭註 32。

3.「核心價值」之正當性

起初，中國官方媒體人民日報先以「中國在基因編輯技術用於疾病預防領域實現歷史性突破」等語，正面地稱頌此事。[58] 爾後，隨著輿論一陣撻伐後，轉而隨著眾多反對方一同嚴厲批評，可見基因編輯嬰兒一事，除了不受國外學者間青睞，中國當局亦不願替賀建奎背書。考量到該事件，涉及倫理規範重大及違反相關法規，極少數人會願意挺身支持，即便有，亦不願出現於檯面上，流於學者口誅筆伐的眾矢之的。會造成如此局面，從賀建奎官方網站[59]及被《The CRISPR Journal》期刊撤回的論文[60]中，所列出的「核心價值」（Core Principles）有跡可循。

第二項 實驗實施者

該論文中列舉了五點倫理原則，[61] 以作為實施基因治療的人工輔助生殖技術之倫理規範：

1.對有需求的家庭懷抱著悲憫之心（Mercy for families in need）

「一個破毀的基因、無法生育或可避免的疾病，並不應澆熄生命之火或者逐漸損害一對有愛伴侶的結合。對某些家庭來說，早期基因手術可能是治療遺傳性疾病，將一個孩子從一生痛苦中解救出來，唯一的可行辦法。」

---

[58] 【觀察】賀建奎基因改造嬰兒或釀人類災難誰該負責？
載於：https://www.hk01.com/%E8%AD%B0%E4%BA%8B%E5%BB%B3/265093/%E8%A7%80%E5%AF%9F-%E8%B3%80%E5%BB%BA%E5%A5%8E%E5%9F%BA%E5%9B%A0%E6%94%B9%E9%80%A0%E5%AC%B0%E5%85%92%E6%88%96%E9%87%80%E4%BA%BA%E9%A1%9E%E7%81%BD%E9%9B%A3-%E8%AA%B0%E8%A9%B2%E8%B2%A0%E8%B2%AC （最後瀏覽日：2019/11/4）

[59] 南方科技大學：賀建奎實驗室官方頁面。（網頁存檔）
載於：http://web.archive.org/web/20181126135349/http://www.sustc-genome.org.cn/for_public.html （最後瀏覽日：2019/11/4）

[60] 同第三章註33。

[61] 基因編輯嬰兒：賀建奎五條倫理原則與醫學進步。2018年11月29日。BBC news 中文。
載於：https://www.bbc.com/zhongwen/trad/chinese-news-46362109 （最後瀏覽日：2019/11/1）

2.只應用於嚴重疾病（Only for serious disease, never vanity）

「基因手術是嚴肅的醫療行為，絕不能出於美化、優化或性別選擇的目的，設計出一個孩子，也不能以任何方式危及至孩子的福祉或自由意願。除了預防疾病外，任何人無權決定一個孩子的基因。基因手術使孩子曝於潛在的永久性安全風險中。僅當嚴重的醫療需要不顧該醫療行為之隱患時，才允許進行基因手術。」

3.尊重孩子的自主性（Respect a child's autonomy）

「生命並非僅止於身體和 DNA。進行基因手術後，孩子同樣有權享受自由和有活力的生活，選擇他的職業、公民權利和隱私。他或她的父母或者為此醫療行為付出的機構均不須承擔任何義務。」

4.命運不由基因決定（Genes do not define you）

「我們的 DNA 不能預先決定我們的目標或我們可以實現的目標。我們依靠自己的辛勤工作，營養以及社會和親人的支持而蓬勃生長。無論我們的基因是什麼，我們在尊嚴和潛能上都是平等的。」

5.促進普惠的健康權（Everyone deserves freedom from genetic disease）

「財富不應該決定健康。研發基因治療的機構有深重的道德義務為來自所有背景的家庭服務。」

隨著報章媒體報導，使得基因改造、基因編輯均被民眾視如寇讎，避之唯恐不及，其於論文當中，便極力替基因編輯除魅化，如為受基因編輯的孩子正名為「基因手術嬰兒」（gene surgery babies），而不應該再以「訂製嬰兒」（designer babies）稱呼，避免小孩一出生，即遭受社會歧視性眼光看待。[62] 再呼應到賀建奎提出的「五點倫理原則」，可得知其完全從父母以及孩子的立場出發，作為最直接的當事人，他們的權利確實不該落於人後，賀建奎替基因技

---

[62] Jiankui, H., Ferrell, R., Yuanlin, C., Jinzhou, Q., & Yangran, C. (2018). Draft ethical principles for therapeutic assisted reproductive technologies. The CRISPR Journal, 1(6), p.2.

術洗清污名化罪名及爭取基因手術嬰兒權利的行為，應值得肯定。

　　然而，就賀建奎提出的五點倫理原則而言，筆者認為所謂「核心價值」，乃是大舉同情之旗幟而掩蓋偽善的一面，罔顧除了當事人外，尚有違科學家所應肩負的社會義務，其中社會義務內涵不僅是保護受研究對象的身體健康安全，也有保持實驗研究水準，以兼顧民眾對於科學研究的信任。然而，基因編輯的行為，有行基因治療之名而為私心研究之實。George Church 亦於同意此觀點：「認為其動機明顯是為了測試 CRISPR 技術。」[63] 於第一點中提及，早期基因手術是治療遺傳性疾病的唯一途徑，不過，本事件的情形並非遺傳性疾病，胎兒是否感染愛滋病，是透過母親在懷孕、分娩和哺乳時，將病毒傳染給胎兒，除了基因編輯外尚得以其他方式處理；於第二點中，更忽視孩子的「知情同意權」，尚未出生的孩子根本上無法行使，所以是否選擇基因編輯，仍然是取決於父母的意願；在第三點更是自以為是地免除實驗者的責任。並且基因編輯所影響的不僅是受基因編輯的雙胞胎而已，所影響層面更涉及全人類。

　　總的來說，即使實驗的核心價值係為未出生的嬰兒著想，亦不能忽視人類基因庫受到的影響，即接受了基因編輯的孩子們，他們體內所攜帶被修改過的基因，會慢慢地融入整個人類群體，成為人類基因庫的一部分。然而，遺傳變異或許不會馬上顯露出這一代，人類可能需要經過數年數代後，基因編輯所造成的脫靶結果才會逐漸表現出來。綜觀以上，認為即便賀建奎依其觀點提出別於國際倫理規範之核心價值，也恕難在全體人類族群或者個體上身上得到倫理上的支持，因此無法藉由該五點聲明而認可其基因編輯之正當性。

---

[63] 同第三章註 56。

第四節　基因編輯實施程序之倫理審查

第一項 實驗前程序

知情同意程序瑕疵

　　「知情同意」(Informed Consent)，又有譯作「告知後同意」，為在執行醫療行為或者臨床研究前，醫師或者研究需要獲得病患或受試者的同意始能實施，以此確保雙方資訊地位對等的前提下，保障病患的自主權不受侵害，乃維護醫學倫理不可或缺的程序之一。在前述實驗對象之章節我們討論了有關同意主體的問題，本書認同某程度上由父母代為行使知情同意的正當性。不過父母所行使的同意是否有意義，則須另外探究。知情同意應具備的要件、同意範圍及同意程度為何，卻未有一明確標準。有學者提出較為宏觀的要素：揭露(Disclosure)、了解 (Understanding)、理性決定(Rational decision making)、有效之醫病關係(Effective physician-patient relationship)和有效溝通(Effective communication)。而其中揭露、了解及理性決定共同形成了自主決定(Autonomous Decision)，藉由自主決定、有效之醫病關係及有效溝通才組成「知情同意」程序的完善。[64] 亦有認為應該將告知後同意依照三個階段剖析成門檻、資訊及同意要素，其中又各自下分成七項次要條件。[65] 總括來說，不論上述區分方式為何，均在表示病患及受試者需要在醫師及研究者確實地告知後，知悉其風險及利益，自主衡量後所為的同意，才符合知情同意之核心目的。因此，為免過度複雜化區分，本書僅將知情同意拆成兩大部分：「告知」及「同意」作分析。

　　回到賀建奎事件中，研究團隊以知情同意書的形式作為履行告知同意的方式。以書面之方式作為告知同意的途徑，於日後爭執時，有書面紀錄能夠確保雙方內容，確實能夠更為踏實地保障受試者權益。惟倘若同意書之內容本身即

---

[64] 郭良基（2006），《以知情同意為核心-探討醫學倫理與法律實務》，頁 18，國立清華大學科技法律研究所碩士論文。

[65] 洪敏瑜（2009），《醫學研究中告知後同意之法律意涵》，頁 26-27，國立清華大學科技法律研究所碩士論文。

具有問題、受試者難以理解同意書的內容、於同意書的規定下受試者同意或退出顯得困難時，此時的知情同意是否有效，便不無存疑。因此，本書以下將探究知情同意書及同意過程中所牽涉的問題。首先，就知情同意書的部分涉及到「知情」的過程，具有幾點爭議如下：

(1) 知情同意書可讀性

根據 ISSCR 的指南建議，知情同意書的程序應當考量受試者的語言障礙和教育程度。[66] 然而，綜觀賀建奎提供予受試者閱讀的知情同意書，全文均以英文陳述，其中內容又不乏使用許多技術用語。儘管賀建奎在峰會宣稱父母都受到良好教育，但仍受到批評，[67] 令人質疑其說法真實性。由於會選擇參與實驗的中國夫妻經濟階級普遍不高、教育程度未必能夠完全理解實驗內容。即便是知識份子，同意書中富含有關生物技術及法律條款的部分也難以全然理解。先前已有研究指出，若是對第二語言為英文的受試者做實驗時，要取得其有效的知情同意會造成許多困難，不過仍然能透過平鋪直敘的說明取代技術性用語來減緩此問題。[68] 透過簡化技術性用語也能降低受試者在進行臨床實驗時所感到的焦慮，[69] 儘管前述方法有益於增加知情同意書的可讀性（readability），不過並非能同時增加受試者對實驗整體的理解（comprehension）。[70] 因此，除了語言、條文用語外，實驗內容亦應該具備相當的明確性，以此實踐更為有效的知情同意程序。

---

[66] 同前揭註 10。

[67] 同第一章註 6，p.165。

[68] Marshall, S. L., & While, A. E. (1994). Interviewing respondents who have English as a second language: challenges encountered and suggestions for other researchers. *Journal of Advanced Nursing*, 19(3), 566-571.

[69] Coyne, C. A., Xu, R., Raich, P., Plomer, K., Dignan, M., Wenzel, L. B., ... & Cella, D. (2003). Randomized, controlled trial of an easy-to-read informed consent statement for clinical trial participation: a study of the Eastern Cooperative Oncology Group. *Journal of Clinical Oncology*, 21(5), 836-842.

[70] Jefford, M., & Moore, R. (2008). Improvement of informed consent and the quality of consent documents. *The Lancet Oncology,* 9(5), 488.

(2) 實驗內容明確性

首先，仔細觀察受試者同意書的內容，比起知情同意書而言，更像是一種賀建奎與參與實驗的父母的一種契約。[71] 如在第三條第七款的部分載明：關於實驗結果，只有研究團隊才有最終解釋權和向公眾發布的權利。受試者並無權解釋，也不得未經許可即公告計畫結果資訊。違反此規定將被視為違反契約，參與者需要賠償損失。[72] 此一條款及其他違約金賠償的相關規定，已經模糊知情同意書與契約書兩者的分野。為維護實驗者的研究結果，並非不得以契約條款限制實驗參與者。然而，知情同意書之目的乃為了使得受試者完全理解內容後，才開始進行實驗，與契約係為了保障完成雙方法律地位之目的截然不同。因此，在知情同意書內夾帶著對受試者不利的契約條款，應無法達到知情同意之目的。

其次，構成不當誘導（undue inducement），不當誘導常被定義為使受試者蒙受過多風險、損害其做出正確判斷的能力或給予鉅額的酬金，因而影響受試者自主決定，導致做出錯誤判斷。[73] 在同意書一開始辯稱本實驗為研發愛滋疫苗，而非直接坦白實驗目的係為進行胚胎的基因編輯實驗。由於注射疫苗為一種普遍存在且已被廣泛接受的醫療措施，研究團隊用了避重就輕的措辭，有可能會影響受試者參與實驗的心態。[74] 受試者在這項免費且新穎的臨床「治療」下，即會產生「治療性誤解」。賀建奎自稱詳細地講解了知情同意書裡的條款，並給提供受試者詢問及思考的時間，但這並不能避免受試者產生治療性誤解。[75] 由於受試者不具相關知識，無法理解臨床研究的目的為何，就容易發生治療

---

[71] George J. Annas (Dec. 4, 2018). How Did Claims of CRISPR Babies Hijack an International Gene-Editing Summit?, Boston University School of Public Health.
Available at: https://www.bu.edu/sph/2018/12/04/how-did-claims-of-crispr-babies-hijack-an-international-gene-editing-summit/ （最後瀏覽日:2020/3/19）

[72] 同第三章註47。

[73] Emanuel, E. J. (2004). Ending Concerns about Undue Inducement. *The Journal of Law, Medicine & Ethics*, 32(1), 100-101.

[74] 同第一章註6，p.163。

[75] 田文鳳、張新慶(2019)，〈基因編輯嬰兒引發的代理同意難題解析〉，《科學與社會》，9(2)，頁 18-19。

性誤解。

除此之外，因為一再地強調能夠以此方法生育出無愛滋病的子代，卻未揭露除該方法以外另有其他替代方案。對深植於中國傳統文化影響的父母，會因為渴望有自己的孩子同時還能免疫愛滋病的誘因下，有可能會造成受試者父母錯誤地認為只有基因編輯才能阻止愛滋病毒傳播給小孩，而將此機會視為生育子女的一線生機。[76] 即使精子洗滌亦可以毫無風險地完成同樣目的。[77]

最後，關於實驗風險無法明確交代，在同意書內所揭露的可能風險中，指出有可能會無法獲得免疫愛滋病的能力或者具有脫靶效應的胎兒，不過研究團隊都無庸承擔法律上的責任。此種免責聲明大大地減輕研究團隊的責任，由於基因編輯充滿不確定性，對該「已知的未知結果」儘管雙方都無法掌握，然而實驗者可以透過更為安全的實驗方法（如其他安全生育的方法）或配套措施（如確認基因無任何脫靶後再植入），以此妥善地降低未知風險所生的危害。研究團隊僅為保全自己利益而免除自身責任，如此一來，將造成受試者的權益無法受到充足保障。

(3) 同意過程

據報導，研究團隊並未向受試者說明基因編輯人類胚胎所生的倫理、法律爭議，內容多在講在說明參加試驗後會獲得的經濟利益。[78] 一心想生育孩子的父母容易因為前述所提及治療性誤解，尤其是身為愛滋病患所承受的生理上、社會上的壓力，均會造成受試者的知情同意容易產生過於倉促、思慮不周的情形。更不用說，在實驗者未分析實驗利弊、風險及成功率等充足資訊的情況下。

此外，雖然賀建奎聲稱，在知情同意書上解釋了，醫療費用均由研究團隊

---

[76] 同第一章註 6，p.165。

[77] Nicopoullos, J., Almeida, P., Vourliotis, M., & Gilling-Smith, C. (2010). A decade of the sperm-washing programme: correlation between markers of HIV and seminal parameters. *HIV Medicine*, 12(4), 195–201.

[78] 王珊：瘋狂的賀建奎與退卻的受試者，三聯生活週刊。2018 年 11 月 29 日。
載於：https://posts.careerengine.us/p/5bffd4f176b2dc255393505d（最後瀏覽日 2020/3/20）

支出，並且受試者也不會因此獲得金錢，屏除了金錢利益交換的倫理問題。[79] 然而，卻忽略了退出實驗所需支付的賠償金額，也會造成受試者繼續進行實驗的心理壓力。在同意書第六條中，雖然實驗給予受試者退出實驗的機會，但除了實驗者給出的條件外，退出實驗須繳回先前實驗團隊支出的費用，並且在十個月內未繳回的話，還需要再裁罰額外的費用。這對後來才明白實驗風險的父母而言，儼然會成為退出實驗必須考量的顧慮之一。賠償金額高達 280,000 人民幣，對普通的小家庭而言已經是個不輕的負擔，更何況會來參加如此具風險實驗的人，原本就是無法負荷出國接受人工生殖或選擇其他生育方式的困苦家庭。

　　在上述諸如知情同意書內容陳述問題、涉嫌引誘或者知情同意過程的履行等問題中，均存在不可忽視的瑕疵。這些瑕疵又成為受試者掉入該實驗的泥淖無法抽身的原因，作為實驗設計的主要負責人，理應替這些受試者作出全面性的考量，不得僅以受試者形式上賦予了同意便認可其知情同意的自主性。

第二項　實驗過程

研究對象福利及研究設計不當

　　首先，HIV 主要是透過與人體的免疫細胞 CD4 受體結合，進而破壞免疫細胞，使人體免疫系統失常。[80] 而 HIV 想要和 CD4 結合，必須藉由 CCR5 或是 CXCR4 此兩種輔助受體（co-receptors）中的任一種。雖然兩者均為免疫細胞表面重要的 Chemokine receptor，但不同的 HIV 病毒株會與不同的輔助受體產生選擇性使用：如嗜巨噬細胞的 HIV 病毒株，稱為 M 嗜性（macrophage-tropic, M-tropic），會和巨噬細胞上的 CCR5 結合；而嗜 T 細胞的 HIV 病毒株，稱為 T 嗜性（T cell line-tropic, T-tropic），會與 T 細胞上的 CXCR4 結合；甚至還有些

---

[79] 基因編輯：賀建奎香港基因學術峰會問答實錄。BBC News。2018 年 11 月 28 日。
　　載於：https://www.bbc.com/zhongwen/trad/chinese-news-46367524 （最後瀏覽日 2020/3/20）

[80] Alkhatib G, Berger EA. HIV coreceptors: from discovery and designation to new paradigms and promise. *Eur J Med Res*. 2007;12(9):375–384.

病毒株能和兩種輔助受體結合。[81]、[82] 如下圖所示，雖然 HIV 侵入得藉由 CCR5 受體進入免疫細胞，但它並不是唯一的入口。[83] 因此，透過基因編輯使 *CCR5* 突變並不能阻止所有 HIV 病毒。尤其是，HIV 的表面蛋白 gp120 有一定機率產生突變，從與 CCR5 結合型，轉變為 CXCR4 型。若是 HIV 從 CCR5 無法進入細胞內，便會轉向利用 CXCR4。[84] 如此一來，即使修改了 *CCR5* 基因，仍有可能因病毒表面蛋白的突變，而透過其他管道感染愛滋病。

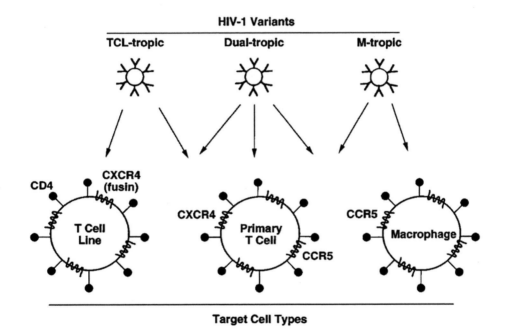

圖八：CCR5 及 CXCR4 輔助受體的使用和 HIV-1 嗜性型態[85]

---

[81] 同前揭註 80。

[82] Alkhatib, G. (2009) The biology of CCR5 and CXCR4. *Current Opinion in HIV and AIDS*, 4(2), 99.

[83] Lusso P.（2006）HIV and the chemokine system: 10 years later. *EMBO J*, 25: 447-56.

[84] Dragic, T. (2001). An overview of the determinants of CCR5 and CXCR4 co-receptor function. *Journal of General Virology*, 82(8), 1807.

[85] 圖八截自 Berger, E.A., Murphy, P.M., Farber, J.M. (1999) Chemokine receptors as HIV-1 coreceptors: roles

再者，愛滋病毒可分為兩型：HIV-1 及 HIV-2，[86] 前者為常見的愛滋病毒，也就是造成人類危害最深、最致病的那類毒株；而後者相比之下較不具危害性。其中，HIV-1 又依照流行範圍分為不同亞型。中國最愛滋病亞型主要為 CRF01_AE 型，據研究表示，該亞型與 CXCR4 型結合比例為 45.5%、與 CCR5/CXCR4 雙嗜性病毒結合率為 22.7%。[87] 由此可知，中國流行的愛滋病株應以 CXCR4 型為多數。賀建奎於此實驗中修改的 CCR5 基因，對於「在中國出生長大」的孩子而言，根本無法降低未來受到愛滋病感染的風險。

此外，就研究對象福利之部分，根據先前的研究顯示，[88] 缺乏 CCR5 基因的個體罹患流感的致死率與一般人相比來得高。另有其他實驗指出，CCR5 基因於愛滋病和西尼羅河病毒(West Nile virus)感染間，具有不同的作用，似乎缺少的個體有較高機率受到西尼羅河病毒感染的風險。[89] 除此之外，CCR5 基因缺失的人，亦有引起的併發症和死亡的風險。如在多發性硬化症（Multiple Sclerosis）患者中，具有 CCR5Δ32 的患者，死亡可能性是沒有突變的人的兩倍之多，尤其作用在女性中更為明顯，死亡率高達 3.58%，[90] 因此本件所生的雙胞胎女嬰健康風險更應受到重視。

從上述這些實驗所得出的結論推斷，賀建奎的研究結果如果完全實現基因

---

in viral entry, tropism, and disease. *Annu.Rev.Immunol,* 17, 662.

[86] Sharp, P. M., & Hahn, B. H. (2011). Origins of HIV and the AIDS pandemic. *Cold Spring Harbor perspectives in medicine*, 1(1), 1.

[87] Li, Y., Han, Y., Xie, J., Gu, L., Li, W., Wang, H. et al. (2014). CRF01_AE subtype is associated with X4 tropism and fast HIV progression in Chinese patients infected through sexual transmission. *AIDS*, 28(4), 524-526.

[88] Falcon, A., Pozo, F., Moreno, S., Casas, I., Rodriguez-Frandsen, A., & Reyes, N. et al. (2015) CCR5 deficiency predisposes to fatal outcome in influenza virus infection. *Journal of General Virology*, 96(8), 2074-2078.

[89] Glass, W., McDermott, D., Lim, J., Lekhong, S., Yu, S., & Frank, W. et al. (2006) CCR5 deficiency increases risk of symptomatic West Nile virus infection. *The Journal of Experimental Medicine*, 203(1), 35-40.

[90] Gade-Andavolu, R., Comings, D. E., MacMurray, J., Rostamkhani, M., Cheng, L. S. C., Tourtellotte, W. W., & Cone, L. A. (2004). Association of CCR5 Δ32 deletion with early death in multiple sclerosis. *Genetics in medicine*, 6(3), 126.

編輯目標的話（亦即兩個嬰兒均攜帶兩個 $CCR5\Delta32$ 突變基因），將大幅提升其未來健康生存的風險。作為解決愛滋病所帶來的社會問題而言，顯然生殖細胞基因編輯並非一個良好的手段。除此之外，有研究指稱，降低的 CCR5 活性可以改善小鼠的認知功能。[91] 這引發了一個問題，即突變 $CCR5$ 是否實際上可以「增強」個體，而不僅僅是使其對病毒具有抗性。[92] 並且，加州大學洛杉磯分校的神經科學家 Silva Alcino 認為：「任何影響在神經科學中都可能是不可預測的，這種受器（按:CCR5 基因）的缺失會帶來一些優勢，而且也可能導致某些形式的認知功能缺陷。」[93]

以道德層面來討論的話，姑且不論 $CCR5$ 基因的缺失，是否造成其他認知功能不利影響。得否以「治療」名義，而進行生殖系基因編輯，至今仍眾說紛紜。更不用說，完全不含「治療」效果的「基因增強」。誠如先前本書之討論，研究者基於強化個人身體素質、智力等條件所進行的基因編輯行為，依現階段科學界的共識，無疑會受到一致地反對。

第三項 實驗後義務

研究資訊透明化

醫療臨床行為或臨床研究之所以要求一定的透明度，乃為了藉由同儕審查（peer-review）及倫理審查委員會的監督，確保該研究行為在科學性、倫理性等各方面，均符合一般學術領域所規範的標準。若沒有以同儕審查的方式來進行研究，就容易遭人質疑其實驗的正當性，研究者可能忽視受試者之利益或者研究的正當性。作為 CRISPR 共同發明人之一的張峰即表示：「儘管愛滋病毒造成全球威脅，但現階段編輯胚胎剔除 $CCR5$ 的風險似乎超過了潛在的好處，並

---

[91] Zhou, M., Greenhill, S., Huang, S., Silva, T. K., Sano, Y., Wu, S., ... & Lee, Y. S. (2016). CCR5 is a suppressor for cortical plasticity and hippocampal learning and memory. *eLife*, 5.

[92] 同前揭註 32。

[93] David Cyranoski（12 DECEMBER 2018）Baby gene edits could affect a range of traits. Available at: https://www.nature.com/articles/d41586-018-07713-2#ref-CR6 （最後瀏覽日 2019/11/8）

且已經有防止愛滋病毒從父母傳染給未出生嬰兒的有效方法。這樣做不僅有風險，而且該試驗缺乏透明度的問題亦值得關注。」[94] 至於實驗內容需要公開到何種程度才會被認為具備眾人得以信服的透明度，另一名 CRISPR 共同發明人的 Jennifer Doudna 博士有提供幾點條件，供大眾評斷其理由是否充分：「1. 該臨床報告是否在同儕審查的科學文獻中發表；2. 是否對研究數據進行同儕審查，若無，則無法評估基因編輯過程的精確性（fidelity）；3. 有無如美國國家科學院所建議，將基因編輯在人類胚胎中的使用，僅限制於當今醫療需求明顯無法滿足，且沒有其他醫療方法是可行選擇的情況。」[95] 很顯然地，上述幾點於本事件中均被有意或無意的疏忽了，在 Doudna 博士的標準下，賀建奎所公開的實驗資訊十分不透明。

此外，除了上述透明度的程度外，其該公開的範圍亦應受到人們關注。除了於實驗初始單純告知實驗風險的義務外，研究者亦應該將實驗結果告知受試者的義務，因為實驗參與者有權益知道他在實驗中獲得什麼樣的益處，以及在實驗中實驗了何種風險。[96] 不過，本書一再提及，生殖系基因編輯的結果會造成數世代人類族群的影響，因此不論受試者是否有完成實驗或者中途退出，其生育出的子代及其後代的資訊均需要被研究者所掌握，進行所謂的世代追蹤（intergenerational monitoring）。[97] 也因為研究人員需要獲得有關該受試者的子女和其他後代的資訊，將使得前述知情同意的範圍擴展到無數的子代後（即使其後代不知道其攜帶編輯過的基因）。由於父母在倫理上僅能代替其子女的進

---

[94] CRISPR inventor Feng Zhang calls for moratorium on gene-edited babies.
Available at: https://www.technologyreview.com/s/612465/crispr-inventor-feng-zhang-calls-for-moratorium-on-baby-making/ （最後瀏覽日 2019/11/8）

[95] CRISPR co-inventor responds to claim of first genetically edited babies.
Available at :https://news.berkeley.edu/2018/11/26/doudna-responds-to-claim-of-first-crispr-edited-babies/ （最後瀏覽日 2019/11/8）

[96] 雷文玫（2018），〈基因研究的告知義務及社會心理風險〉，《臺灣的後基因體時代：新科技的典範轉移與挑戰》，蔡友月、潘美玲、陳宗文主編，頁 284-288，新竹：國立交通大學出版社。

[97] Cwik, B. (2020). Intergenerational monitoring in clinical trials of germline gene editing. *Journal of medical ethics*, 46(3), 183-187.

行同意，無法取代所有後世的同意，因此在此方面將造成知情同意的困難。在這點上，又衍伸了後代子女的隱私權的問題，由於父母未經由後代子女的同意便進行該實驗，又因為實驗需求必須進行世代追蹤，勢必會侵害到後代子女的隱私權，並增加其社會心理風險。[98] 這牽涉到研究者的告知義務範圍為何？以及受試者是否除了有權利外，亦有義務接受該實驗追蹤以及接收實驗結果的情況？由此一來，研究人員於進行不只一代的世代追蹤時，其研究進度會持續多久以及研究結果將公開到什麼程度，究竟是僅參與實驗的第一代，抑或其直系親屬均應該揭露？這些都將成為判斷透明度的一大難題。

依當前證據顯示，賀建奎實施的臨床研究不僅未通過倫理審查，並且亦未經由國際公認的期刊審查，無法受其他具聲望的審查委員會所擔保。僅憑賀建奎一己之詞，難認這項研究在科學上、倫理上等各方面都沒有問題。並且時至今日，尚未有知情人士出面，確認女嬰的健康安全，更難令外界安心。除此之外，在知情同意書內將實驗定性為一種商業機密，限制受試者父母的公開，對於非科學家、非醫師、非相關商業人士的準父母而言，是個極為弔詭的條款。[99] 不僅實驗者本身不揭露實驗相關數據，亦將實驗視為機密，不容受試者父母公開該資訊，究竟居心何在？故縱觀上述之討論，該實驗未遵守合理的告知義務，難認符合一般實驗所要求的透明度。

誠如 Doudna 博士所說，[100] 為了追求更有效率的醫學治療品質、降低人們受遺傳疾病的影響，於一定程度內對人體胚胎進行基因編輯。並且若有嚴謹的審理單位嚴密控管審核流程，以及相應的管制措施監管相關研究進行與事後實驗結果公開，對此類的實驗不應該完全的禁止。然而，這番理想僅止於應然層面。在將該事件定性後，再於此基礎上檢視許多倫理原則，仍然可以發現本事件在倫理審查的種種環節存在許多爭議。當基因編輯的觀點回歸至現實面，依照現今各國的監管規範，是否足以抵禦下一個未經審查的基因編輯嬰兒的出

---

[98] 同前揭註 96。

[99] 同第三章註 47。

[100] 同第三章註 82。

生？不無疑問。由於各國管制方式不同，藉由鬆散的法規規範基因編輯行為，有的是以國家層級的主管單位進行監管。在各國管制方式截然不同的現況下，即便某一國家具備良好的治理機制，也難保其他國家疏於審查而出現下一個案例。由此顯示出，健全有效的管制體系確實有其存在的必要。

　　在過去幾十年間，歷經不少次具有爭議性的實驗，也衍發了許多倫理討論。不過，倫理共識往往過於抽象，且難以解釋其原因，如美國國家科學院所發布的報告，並未說明為何及如何在特定條件下得以合理且合法地進行生殖系基因編輯[101]。因此人們逐漸意識到單純以倫理規範已不足以面對當前科技的強勢發展，轉而將先前形成的倫理共識以更為具體的方式呈現。演變至今，基因編輯的管制已經進入法律規範的層次以取代無強制力的倫理規範。然而，要訴諸於法律，須先考量其之所以要以法律達到治理效果的必要。接下來應先探究管制於個人、機構及社會層面的必要性，討論出除了以倫理規範外，必須以法律強制性規範的必要。進而再就先前已有人類胚胎基因編輯經驗的中國、美國及英國，此三個國家就基因編輯一事係由何種管制方式，在各種法律爭議下進行分析討論。

---

[101] 同第三章註 29。

第五章　「法律」如何規範基因編輯

第一節　基因編輯技術之管制意義

　　誠如前章節末段所言，暫時禁止已不足以解決眼前的問題，反倒是應該健全現階段的監管制度，不僅可以利用政府機構的權力，或者倚賴其他監管行為，例如專利、資金贊助者、期刊編輯者、倫理監管委員會或者醫療單位等，協同發揮監管效果，從而最大限度地減緩不必要、不合乎倫理的實驗行為。[1]　其次，在經過嚴密的倫理審查及受到相關單位監控之下，所進行的人類生殖系基因編輯研究，可以針對不孕症、懷孕生理過程、胚胎發育病變等相關疾病，做出更深度、精準的研究，並開發出潛在性治療方法，對患者或潛在病患而言均能因此受益。[2]　再者，儘管我們了解不同國家對於國家資助生殖細胞基因編輯研究有不同的限制，但是必須認知到：一個國家的影響力，未必能夠會擴及至其他國家。如果國家對此類研究以完全禁止或者不以國家經費資助的方式規定，研究者雖然無法於該國進行此類研究。但研究者並不會停止研究，若沒有利用國家經費來支持此類研究，以此作為管控依據的話，只可能導致對此類研究有興趣的研究者轉向海外其他缺乏法規管制或者監督機制更為鬆散的國家中進行。如此一來，不但該國家對該技術的控管權力盡失，更遑論該研究的透明度。[3]

　　承上述所言，管制意涵可能所涉及的範圍十分廣泛，包括倫理、社會、科學研究、法規秩序等等，無論以哪個領域為背景討論基因編輯，均能體現出一

---

[1]　Charo RA. (2019). Rogues and regulation of germline editing. *New Engl J Med.* 380, 976.

[2]　Ormond, K. E., Mortlock, D. P., Scholes, D. T., Bombard, Y., Brody, L. C., Faucett, W. A., ... & Musunuru, K. (2017). Human germline genome editing. *The American Journal of Human Genetics*, 101(2), 173.

[3]　同前揭註 2。

定程度的管制意義。因此，本書將上述角度從橫向劃分為三種層面：個人層面、機構層面及社會層面，此三種觀點亦具有縱向脈絡，並以此觀點切入，探討基因編輯管制實際效益為何。

第一項　個人層面

　　基因體編輯係指對 DNA 的特定部分進行修飾，從而影響其目標基因的功能，同時又避免其他不必要的部分發生改變。後者便是所謂脫靶現象，由於導致的後果無法預測，其影響範圍、程度更是取決於改變的基因位置而定。如此對於進行基因體編輯個體而言，勢必造成無法事前評估、事後彌補的損害。因此，在思考是否將基因體編輯轉化為施用在人體上的療法或者作為研究時，應該考量哪種情況或疾病最適合以此類技術處理、如何確定並進而評估脫靶現象及基因編輯後其他的副作用、以及哪些患者最適合作為該研究的對象，待上述條件均確定後，始決定現在是否能夠進行人體基因體編輯。[4]

　　更進一步來說，假想今天國際間放行了基因編輯胚胎實驗，並且容許該胚胎將來移植入母體發育，將產生一個根本上的問題──被實驗者未（又或者說無法）親自同意實驗。依照現今的倫理標準是否能夠容許利用科學技術產生出一個「不正常」的人類？此時討論層次僅停留在父母是否有替兒女修改基因，使其成為基因殘缺之人的權利。該問題於前述章節討論過，要是將此問題提升至更為極端的情境，當涉及到胚胎存活與否之際，是否容許父母「不進行」基因編輯拯救胚胎？又或者父母是否具有權利代替未出生的兒女進行事前同意？當然若是以子女最佳利益的觀點出發，在正常情況下，父母無疑是會為子女做出最完善的考量，也是最有資格替未出生的子女做出決定的人。但也不排除某些情況，子女於出生後會堅決反對父母進行基因編輯的特例。[5] 這類問題相當棘手，單獨從倫理層面出發，即能夠從將影響範圍從個人拓展到家庭層面的討論。這也顯示出，基因編輯於此面向必須加以管制的重要性。

4　同第二章註 2，p.24。

5　Check Hayden, E. (2016). Should you edit your children's genes? *Nature* 530, 403.

第二項　機構層面

　　由於缺乏管制對個人的影響甚鉅，也連帶殃及了科學研究發展。與科學研究管制有關的影響，可以從兩種面向探討：第一種為具有規模的研究單位，主要為學校或者醫療機構所附屬的研究室，其研究經費、實驗內容及實驗流程均受其研究單位所控管；其次為個人實施、非系統性的小型研究，由於難以控管，因此無法掌握其實驗結果。

　　對研究機構來說，在賀建奎事件後，其他國家對於生殖系編輯實驗逐漸警惕起來，對此類研究申請許可將會更為謹慎，尤其在這個緊張的時間點，可能會因害怕再有研究者企圖闖關，而設立不必要的管制規範。[6] 如此一來，不啻阻礙醫療研究的發展，也削弱了冀望從中取得救治的病患的信心；在私人實驗層面，相比於其他需要倚賴大型實驗儀器的生物技術來說，CRISPR 是個較易於入手的技術，這對於熱衷於 DIY 生物技術的生物駭客（biohacker）而言，無疑是一個好消息，也造就了 DIY CRISPR 逐漸成為一個新興的利基市場。然而，與之相隨的是難以監控的管制問題。[7] 雖然有人認為可以透過科學自律（self-regulation）解決，從過去的 Asilomar 會議到近期的 Napa 會議，兩次國際會議均對科學自律十分關注。[8] 會議宗旨為藉由集結科學家共同參與會議討論，達到公開透明且使公眾知悉，使科學界意識到他們所研究事物的重要性以及其應具備的職責，並冀望開創出研究者自身安分守己的模式，取代一概以法律硬性綑綁研究發展。[9] 不過由於此種會議的組成大多數為科學家，往往著眼於生物技術安全性，而易於疏忽倫理上的考量。[10] 再者，生殖系編輯所產生的影響，

---

[6]　David Cyranoski & Heidi Ledford (2018). How the genome-edited babies' revelation will affect research. Available at: https://www.nature.com/articles/d41586-018-07559-8 (最後瀏覽日：2020/1/18)

[7]　Guerrini, C. J., Spencer, G. E., & Zettler, P. J. (2018). DIY CRISPR. *NCL Rev.*, 97, 1399-1460.

[8]　同第三章註 3。

[9]　Gregorowius, D., Biller-Andorno, N., & Deplazes-Zemp, A. (2017). The role of scientific self-regulation for the control of genome editing in the human germline. *EMBO reports*, 18(3), 355-356.

[10]　同前揭註 9，p.356.

以及其便利操作性，可能會造成不同程度的危害，確實是需要更具系統性的外部監督制度來解決當前基礎研究一直存在的不確定性的問題。[11]

無論是由哪種實驗單位所進行的實驗，終究係為了能夠應用在臨床治療上。因此，在臨床實驗方面，管制的意義就更加重要，否則不論前期實驗管制的如此嚴苛，在臨床卻恣意濫用，也是於事無補。尤其近年來，科學家對於改造人類基因以適應火星的研究躍躍欲試，[12] 甚至還提出一項「500 年計畫」，[13] 以及 DIY 訂製嬰兒的呼聲頻傳，[14] 在臨床實驗上，基因體編輯的管制必然不得鬆懈，並且應該成為管制架構的最後防線。

第三項　社會層面

基因體編輯的於特定情況下具有社會意義，取決於其使用方式。當基因體編輯運用在可遺傳的生殖細胞時，前述提及的個人健康安全就不是唯一需要考量的因素，因為這會使得影響範圍擴及到了社會層面，進而誘發長期且全面性影響。如同第四章所討論的治療與增強的定義不懸不昧，首先我們會面臨到如何定義是否為基因增強的爭議。接著需要討論到社會公平性的問題，倘若基因編輯具可行性，是否會造成富有者相繼於子女出生前先行基因編輯，以確保子女的基因健康，導致醫療系統目標受眾均為社會上弱勢份子，由於富人們不參與醫療成本的分攤，會導致窮人治療的費用加劇，最後造成貧富差距逐漸增加。

---

[11] Furrow, B. R. (2017). The CRISPR-Cas9 Tool of Gene Editing: Cheaper, Faster, Riskier. *Annals Health L.*, 26, 37-38.

[12] Jason Pontin (08.07.2018). The Genetics (and Ethics) of Making Humans Fit for Mars.
Available at: https://www.wired.com/story/ideas-jason-pontin-genetic-engineering-for-mars/ (最後瀏覽日：2020/1/18)

[13] Mason Lab Ten-Phase, 500-year plan.
Available at: http://2011.igem.org/Team:NYC_Software/Tools/Colonization (最後瀏覽日：2020/1/18)

[14] Antonio Regalado (Feb 1, 2019). The DIY designer baby project funded with Bitcoin. *MIT Technology Review*.
Available at: https://www.technologyreview.com/s/612838/the-transhumanist-diy-designer-baby-funded-with-bitcoin/ (最後瀏覽日：2020/1/18)

　　除此之外，更令人憂心的是社會達爾文主義所催生的「優生學」再次橫行、重蹈歷史覆轍，衍發社會分配不均的問題。[15] 優生學是分為兩面向：積極面向是積極地進行優良基因特徵篩選；消極面向則是消除負面表徵（如疾病、基因突變等）。兩者均表示著某種社會趨向，人們會透過篩選加深社會的偏見，並極度限縮對於「正常」的定義。[16] 除此之外，選擇結果還有可能衍發基因歧視現象。有人可能認為人類生殖系基因體編輯不如產前檢查和選擇性流產一般侵略性強烈，因為它涉及改變基因而不是針對個體進行選擇。然而，不容忽視的是，任何形式的個體選擇，即便已經通過產前診斷，都是向社會傳達這些特質或條件是否「適合」的訊息，反映出我們社會中具有該特質的人們的價值。[17] 因此，倘若容忍人們得以恣意選擇基因繁衍，依人之常情往往會選擇較優良的性徵，或許會使得疾病、基因突變的後代大量減少。不過，也會導致物種多樣性逐漸減縮，並可能造成對於不具該類性狀的群體變成新世代的「殘疾人士」。

　　即便不考慮過於長遠的假設性問題，當前最為直觀的是，一旦禁止人類生殖細胞編輯實驗，可能反而會將此類技術的應用推往地下，進入黑市和無法控管的醫療旅遊業。[18] 先前即有許多無法生育的父母，想要借助旅遊名義，到其他沒有法規限制或者較缺乏管制的國家進行人工生殖。[19] 不久前，也有因國家禁止而轉向其他國家進行基因編輯的案例發生。[20] 這樣的醫療旅遊現象難保不會發生在基因編輯上，這對基因編輯管制將帶來更大的風險，並成為該技術濫用的隱患。

---

[15] Suter, S. M. (2007). A brave new world of designer babies. *Berkeley Tech. LJ*, 22, 959.

[16] 同前揭註 2，p.171。

[17] 同前揭註 2，p.172。

[18] Church, G. (2015). Perspective: Encourage the innovators. *Nature*, 528(7580), S7.

[19] Rosemann A, Balen A, Nerlich B, Hauskeller C, Sleeboom-Faulkner M, Hartley S et al. (2019) Heritable genome editing in a global context: national and international policy challenges. *Hastings Cent Rep*, 49(3), 33-34.

[20] 同第三章註 22。

第二節　基因編輯在各國管制架構下之審查
──以英、美、中為例

　　基因編輯嬰兒事件涉及的法律爭議，於第三章所提及。但是基因編輯所涉及的爭議，包括但不限於實驗審查、倫理審查及臨床標的及應用等問題。然而，由於各國法律管制方式、程度及範圍不盡相同，如英國乃設置直接掌管基因及胚胎研究的法令及管理部門；美國沒有制定聯邦層級的法律統一監管此技術，主要交由各個州處理，聯邦政府對於胚胎研究的態度並不具明顯立場；在中國則沒有「法律」，僅以命令層級的法規去加以管制。[21] 因此，難以將所有法律爭議於相異的法律規範下將不同程序進行比較分析。故本書將以美國進行基因編輯所必要的審查階段作為本節比較各國審查之模型標準。由於賀建奎實驗目的，乃為製造「愛滋疫苗」，在美國科學家欲開發疫苗，其開發流程應該先進行基礎實驗研究、於人體胚胎的實驗研究、臨床前動物研究及臨床研究，之後才能進入新藥測試及上市的程序。[22] 而本次事件主要的法律爭點均在「利用人體胚胎進行臨床研究」中呈現，故本書將焦點著重在這階段上，同時分析各國於不同實驗階段的管制審查。首先，欲進行新藥開發或者臨床試驗之前，必須先經過基本的實驗室研究，確認該實驗對人體無害後，方得進入下一階段的測試。儘管對於人體胚胎研究的管制各國監管方式不一，不過在進行基礎研究前，均須要先向主管機關或研究單位申請，並經過核可通過。因此，在主管機關決定是否通過前，須視該國是否允許對人體胚胎進行實驗而定，再進一步討論是否同意進行臨床實驗及臨床應用。接下來，本書先探究英、美、中這三國就該類實驗的開放程度為何、是否進行臨床試驗及實際醫療應用進行討論。

---

[21]　Melillo, T. R. (2017). Gene editing and the rise of designer babies. *Vand. J. Transnat'l L.*, 50, 771-777.

[22]　同第二章註 2，p.36-37。

一、基礎實驗

1.英國

　　英國是最早在人工生殖及人類胚胎研究領域制定官方管制規劃的國家之一。英國的胚胎研究管制架構圍繞在《Human Fertilisation and Embryology Act》（HFE Act）1990 年及 2008 年修正案相關的法規。[23] 若涉及到胚胎研究或治療的行為，均需要通過嚴格監管核發證照的系統發揮管制作用，[24] 並且除了根據許可證（Licences）才得以進行胚胎研究外，亦受到官方機構 Human Fertilisation and Embryology Authority（HFEA）的監管。在體外（in vitro）進行胚胎培育或者在使用胚胎用於研究，除非 HFEA 認為該實驗有必要使用胚胎或人類混合胚胎，否則不得授予許可。[25] 而 HFEA 的審核標準包括：（a）實驗的主要目的（principal purposes）是必要的或值得的；（b）為提供知識的目的是必要的或值得的，並且 HFEA 認為能夠對嚴重疾病或其他嚴重病狀的增加了解或研發治療方法；（c）或該法基於其他目的而言是必要或值得的。[26] 其中主要目的係指該實驗目的有益於：（a）對嚴重疾病或其他嚴重病況的了解增加；（b）對嚴重疾病或其他嚴重病況的治療開發；（c）對不屬於本段規定的任何先天性疾病或先天性醫學疾病的成因的了解；（d）促進不孕症治療的發展；（e）增加對流產原因的了解；（f）開發更有效的避孕技術；（g）開發植入前胚胎檢測基因、染色體的方法；（h）增加對胚胎發育的了解。[27] 以上數種方法，均可能成為 HFEA 核發許可的原因，由於標準目的明確且廣泛，對利用胚胎進行實驗的研究者而言，英國可謂提供一個規劃完整的途徑已涵蓋各種胚胎研究。其中「基

---

[23]　Grunert, A. (2020). The Legal Framework Concerning Gene-Editing Techniques in the UK: Problems and Solutions. In Rechtliche Aspekte der Genom-Editierung an der menschlichen Keimbahn (pp. 457-482). Springer, Berlin, Heidelberg.

[24]　HFE Acts s 11(1).

[25]　Id. Sch. 2 para. 6 s 3(5).

[26]　Id. Sch. 2 para. 6 s 3A(1).

[27]　Id., sch. 2 para. 6 s 3A(2).

於其他目的而言是必要或值得」為該法的概括條款，因此儘管未來有列舉之目的以外的實驗，僅要 HFEA 允許，均可能依該條予以進行。

作為被許可的實驗負責人，其應具備相關培訓經驗資格、使用適當設備、對胚胎以適當方法作出適當處置，並且對 HFEA 提供報告，分析嚴重的實驗不良反應或併發症的結果。[28] 若違反此義務，將有可能會導致實驗許可被撤銷。[29] 除此之外，實驗申請之資訊有虛假或誤導之虞、實驗負責人疏於遵守就實驗許可所作出的指示、不在許可證中指定的場所執行實驗等其他原因均有可能導致實驗許可被當局撤銷。[30]

2.美國

美國未有直接規範人類生殖系編輯之研究或應用的聯邦立法，更未就此類相關研究訂定違法的刑責。[31] 雖然對於研究或應用沒有國家強制限制，但由於胚胎研究倫理問題尚待解決，於是對該類研究的憂慮轉向到國家資金撥款上。最為人所知的是「Dickey-Wicker Amendment」，為在 1996 年的聯邦撥款法案中公共衛生撥款用途的附加條款（rider），[32] 該條款明確限制不得將聯邦資金用於「以研究目的或創造人類胚胎」以及「『在研究中破壞、丟棄胚胎』或『明知而將胚胎置於傷害、死亡風險高於 45 CFR 46.208(a)(2) 及 42 U.S.C. 289g(b) 所限定的於子宮內胎兒所受風險的研究』」。該條款於 2016 年的撥款法案中亦有相關規定，[33] 並且限制該撥款法案的資金用途，禁止任何有意創造或編輯人類胚胎，包括可遺傳的基因修飾在內的研究，向聯邦政府提交的違反該規定的申

---

[28] Id., s 17.

[29] Id., s 18(2).

[30] Id., s 18.

[31] 唐偉華（2019），〈對作為經驗的歐美人類種系基因編輯立法的省思〉，《科學與社會》，9(4)，頁 61。

[32] H.R. 2880 (CPH) - Making appropriations for fiscal year 1996 to make a down payment toward a balanced budget, and for other purposes. Sec. 128.

[33] Consolidated Appropriations Act, 2016, H.R. 2029/ Public Law 114–113, s 508.

請，一律被視為未收到，並且任何豁免均不生效。[34] 該附加條款明瞭地展現美國當局對於胚胎研究的保守態度，時至今日，該項附加條款依然存續，並且除了在國家資金的限制外，更將管制手段延伸至 FDA。於 2019 年的撥款附加條款中揭示，禁止 FDA 許可意圖創造或編輯包括可遺傳性修飾的人類胚胎的研究中對藥物或生物製劑的研究用途的豁免申請。若收到該研究申請，會被視為未收到，並且該豁免不生效力。[35]

雖然在聯邦層級並未有直接立法，不過州政府能夠享有各自獨立的立法權，因此衍生出不同州之間，依不同州之文化、態度對胚胎規範有所不同。有的州相對保守，如佛羅里達州州法即明確規定禁止對胎兒進行實驗[36]、印第安納州除了禁止對胚胎進行實驗，亦限制其因實驗目的運輸州境外，[37] 甚至在俄亥俄州違反相關規範者還會涉及到刑事責任；[38] 有的州立場卻顯得開放許多，如加利福尼亞州、麻薩諸塞州、康乃狄克州及紐約州等。[39] 因此，縱使禁止使用聯邦資金進行胚胎研究，仍然可以選擇於這些州境內進行實驗，並且透過州

---

[34] Id., s 749.

[35] Consolidated Appropriations Act, 2019, H.J. Res 31/ Public Law 116–6, s. 731.

[36] The 2019 Florida Statutes, Title XXIX, Chapter 390.0111- (6)
EXPERIMENTATION ON FETUS PROHIBITED; EXCEPTION. —No person shall use any live fetus or live, premature infant for any type of scientific, research, laboratory, or other kind of experimentation either prior to or subsequent to any termination of pregnancy procedure except as necessary to protect or preserve the life and health of such fetus or premature infant.

[37] Indiana Code Ann. § 16-34-2-6 (1993) Prohibits experiments (aside from pathological examinations) on an aborted fetus. Also, bars transporting a fetus across state lines for the purpose of experimentation.

[38] Ohio Revised Code, Title [29] XXIX Crimes – Procedure, Chapter 2919: Offenses Against the Family 2919.14 Abortion Trafficking.
(A) No person shall experiment upon or sell the product of human conception which is aborted. Experiment does not include autopsies pursuant to sections 313.13 and 2108.50 of the Revised Code.
(B) Whoever violates this section is guilty of abortion trafficking, a misdemeanor of the first degree.

[39] Embryonic and Fetal Research Laws.
Available at: https://www.ncsl.org/research/health/embryonic-and-fetal-research-laws.aspx （最後瀏覽日：2020/4/15）

政府撥款或私人資助胚胎研究。[40] 儘管如此，胚胎、受精卵等生殖系實驗仍然屬於高敏感實驗材料，還是需要經過層層管制機構把關。按照前述脈絡，在進行疫苗開發的過程，必須先經過基礎研究，而涉及胚胎基礎研究的管制主要由 NIH 及研究單位本身負責。NIH 所管轄的範圍主要是受到 NIH 資金贊助的實驗，雖然依前述法案 NIH 不得資助胚胎實驗，不過在最新一版 NIH 指導方針中，即使不受 NIH 資助的實驗計畫，僅要在接受 NIH 資助的機構執行實驗或受該機構之資助者，均須遵守該指導原則。換言之，表示無論何種經費來源是否係出於 NIH，均必須遵守本指導方針，[41] 於該規定下，需要經過 Institutional Biosafety Committees（IBCs）之審核通過。IBCs 負責審查於地方機構級別（如大學或研究中心）涉及重組核酸分子或合成核酸分子所進行的任何研究，確保實驗內容符合 NIH 指導方針所要求的生物安全規範，並且評估對於人類健康及環境所生的潛在風險。[42]

除此之外，凡是利用人體組織進行基礎研究均會引發另一項問題，即該組織可能來自個體，不論該組織、胚胎之捐贈者或實驗受試者本身，均存在一定程度的被識別性。為此，Institutional Review Boards（IRBs）即負責審查此類使用具識別性（identifiable）人體組織的實驗，並確保該人體組織的匿名性，以及受試者或捐贈者的知情同意程序被妥善地保障。然而，若此時用於實驗用的人類胚胎不具備可識別性，似乎便被排除在 IRBs 的審查之外。不過即使不受 IRBs 的監管，仍可能受到美國國家學院（NAS/IOM）所設立的 Embryonic Stem Cell Research Oversight Committees（ESCROs）或依據 ISSCR 指南所提議的 Embryo Research Oversight Committees（EMROs）自發性監管組織的監督[43]。不過，由於上述後兩者的委員會僅為體制外監督性質，研究者無需強制地受其審查。在缺乏官方管控之權限之下，該委員會可能淪為建議性質的諮詢單位。

---

[40] 同第二章註 2，p.43。

[41] NIH Guidelines for Research Involving Recombinant or Synthetic Nucleic Acid Molecules (2019) Section I-D.

[42] 同第二章註 2，p.39。

[43] 同第二章註 2，p.39。

3.中國

在中國方面,涉及到生物生醫研究和臨床應用的主要交由幾個國家機關,其一為國務院科學技術部,與國家自然科學基金委員會共同囊括主要的國家研究資助資金,其中包含大多數的 CRISPR 基因編輯的實驗;[44] 另一為國家衛生和計劃生育委員會負責,[45] 權責包含公共衛生相關的法律、法規及政策規劃,其中包括生物醫學相關研究和應用的倫理監管。[46] 然而,與英國所有形式的胚胎研究都必須經過 HFEA 的批准及許可不同,中國現階段不存在國家許可制度,[47] 倫理委員會的審查全權交由當地機構的倫理審查委員會負責。[48]

在進行基礎實驗之前,須先完成註冊登記以及倫理審查程序。於 1998 年發布的《人類遺傳資源管理暫行辦法》(於此稱《暫行辦法》),為中國第一個全面管理人類遺傳資源的規範,依據《暫行辦法》制定了「涉及人類遺傳資源的國際合作項目審批」行政許可審批事項。為使得《暫行辦法》實施具體化,發布《人類遺傳資源採集、收集、買賣、出口、出境審批行政許可事項服務指南》(於此稱《服務指南》),以達到對人類遺傳資源搜集、使用和進出口等活動的進一步規範。最後,為因應基因編輯與「基因編輯嬰兒」事件的發生,於 2019 年將前述規範統整成《人類遺傳資源管理條例》,並同時廢止前述暫行辦法,[49] 以此完整的監管人類遺傳訊息之各種使用方式。[50] 依該條例,欲進行

---

[44] Rosemann, A., Jiang, L., & Zhang, X. (2017). The regulatory and legal situation of human embryo, gamete and germ line gene editing research and clinical applications in the People's Republic of China. Report to British Nuffield Bioethics Committee, p.7.

[45] 於 2018 年改制為國家衛生健康委員會。

[46] 同第四章註 7,p.111。

[47] 2019 年 7 月 24 日召開的中央全面深化改革委員會第九次會議審議通過《國家科技倫理委員會組建方案》,依該方案將組建國家科技倫理委員會,掌管基因編輯、人工智慧等倫理研究項目。載於:http://news.cri.cn/20190726/5f1b2be6-b567-71de-72b5-4fd245926280.html(最後瀏覽日 2020/4/13)

[48] 同前揭註 44,p.13。

[49] 關於《中華人民共和國人類遺傳資源管理條例》實施前過渡期有關工作的通知。載於:www.most.gov.cn/tztg/201906/t20190619_147124.htm (最後瀏覽日 2020/4/12)

[50] 中華人民共和國國務院令第 717 號。

涉及人類遺傳訊息之實驗，須向國務院科學技術行政部門註冊登記，並由人類遺傳資源管理辦公室進行行政許可審批事項。

　　除了註冊登記之外，在實驗申請之前，需要先進行實驗倫理審查。不過，現行規範並未強制應由國家或者官方所設置的倫理審查委員會進行審理。至於胚胎研究之倫理審查規範於《人胚胎幹細胞研究倫理指導原則》（於此稱《指導原則》），雖然該指導規則名為胚胎幹細胞，不過由於仍為胚胎之一部分，因此該《指導原則》亦應於胚胎研究時適用。於該《指導原則》第八條[51]及第九條[52]分別規範，進行人類胚胎研究時，需要進行知情同意程序，並且設立專業的倫理委員會，對該實驗進行徹底審查。儘管該規範並未就如何基礎研究或臨床研究明確提出具體的審查模式、審查標準為何，[53] 但仍於第六條[54]限定了胚胎使用方式，以阻卻不當利用基因編輯過的胚胎。惟不足之處在於，該指導原則僅停留在原則性規範，並無制定違反該規範後追懲的相關規定。此外，條文本身亦有諸多瑕疵，如第六條第二款中僅侷限於「已用於研究的人囊胚」，這將

───────────────

載於：http://www.gov.cn/zhengce/content/2019-06/10/content_5398829.htm（最後瀏覽日 2020/4/12）

[51]　《人胚胎幹細胞研究倫理指導原則》第八條
　　進行人胚胎幹細胞研究，必須認真貫徹知情同意與知情選擇原則，簽署知情同意書，保護受試者的隱私。前款所指的知情同意和知情選擇是指研究人員應當在實驗前，用準確、清晰、通俗的語言向受試者如實告知有關實驗的預期目的和可能產生的後果和風險，獲得他們的同意並簽署知情同意書。

[52]　《人胚胎幹細胞研究倫理指導原則》第九條
　　從事人胚胎幹細胞的研究單位應成立包括生物學、醫學、法律或社會學等有關方面的研究和管理人員組成的倫理委員會，其職責是對人胚胎幹細胞研究的倫理學及科學性進行綜合審查、咨詢與監督。

[53]　Jiang, L. (2020). The Regulation of Genome Editing Technologies and New Methods of Germline Interventions in China. In Rechtliche Aspekte der Genom-Editierung an der menschlichen Keimbahn (p. 90). Springer, Berlin, Heidelberg.

[54]　《人胚胎幹細胞研究倫理指導原則》第六條
　　進行人胚胎幹細胞研究，必須遵守以下行為規範：
　　（一）利用體外受精、體細胞核移植、單性複製技術或遺傳修飾獲得的囊胚，其體外培養期限自受精或核移植開始不得超過 14 天。
　　（二）不得將前款中獲得的已用於研究的人囊胚植入人或任何其它動物的生殖系統。
　　（三）不得將人的生殖細胞與其他物種的生殖細胞結合。

使「未用於研究，但逾越 14 天的人囊胚」成為規範漏洞。[55] 未有設立違規處罰的法規命令，猶如缺少牙齒的猛獸，欲藉此規範達到監管以及警示之作用，現實上運作仍相當困難。

所幸，前述提及的《人類遺傳資源管理條例》將此缺失一同補上，於該條例第三十六條至第四十五條規範違反該條例之法律責任，若未經註冊批准實驗，即逕行實驗者[56]、提供虛假材料或者採取其他欺騙手段取得行政許可[57]或未通過倫理審查等程序瑕疵者，[58] 均會處以一定程度的罰款，並且情節嚴重者將永久無法進行人類遺傳資源相關實驗，對違法之研究者具有實際懲戒效果。然而，由於該法條係於 2019 年始公布施行，並且並未有追溯條款，基於不溯及既往原則，理應不得以該法約束賀建奎之行為。

---

[55] 趙南元（2004），評《人胚胎幹細胞研究倫理指導原則》，《醫學與哲學》，第 4 期，頁 1。

[56] 《人類遺傳資源管理條例》第三十六條
違反本條例規定，有下列情形之一的，由國務院科學技術行政部門責令停止違法行為，沒收違法採集、保藏的人類遺傳資源和違法所得，處 50 萬元以上 500 萬元以下罰款，違法所得在 100 萬元以上的，處違法所得 5 倍以上 10 倍以下罰款：
（一）未經批准，採集我國重要遺傳家系、特定地區人類遺傳資源，或者採集國務院科學技術行政部門規定種類、數量的人類遺傳資源；
（二）未經批准，保藏我國人類遺傳資源；
（三）未經批准，利用我國人類遺傳資源開展國際合作科學研究；
（四）未通過安全審查，將可能影響我國公眾健康、國家安全和社會公共利益的人類遺傳資源信息向外國組織、個人及其設立或者實際控制的機構提供或者開放使用；
（五）開展國際合作臨床試驗前未將擬使用的人類遺傳資源種類、數量及其用途向國務院科學技術行政部門備案。

[57] 《人類遺傳資源管理條例》第三十七條
提供虛假材料或者採取其他欺騙手段取得行政許可的，由國務院科學技術行政部門撤銷已經取得的行政許可，處 50 萬元以上 500 萬元以下罰款，5 年內不受理相關責任人及單位提出的許可申請。

[58] 《人類遺傳資源管理條例》第三十九條
違反本條例規定，有下列情形之一的，由省、自治區、直轄市人民政府科學技術行政部門責令停止開展相關活動，沒收違法採集、保藏的人類遺傳資源和違法所得，處 50 萬元以上 100 萬元以下罰款，違法所得在 100 萬元以上的，處違法所得 5 倍以上 10 倍以下罰款：
（一）採集、保藏、利用、對外提供我國人類遺傳資源未通過倫理審查。

二、臨床實驗

1.英國

　　舉凡利用人體胚胎進行的實驗均須受到 HFEA 的管控，取得其核可後才可進行。亦即不論是基礎研究或臨床研究，照理說均應受到 HFEA 控管實施。人類胚胎研究之臨床實驗與基礎實驗不同之處在於，臨床試驗係將植入研究用途的胚胎進入母體內，誘發懷孕後觀測孩子出生的狀態。不過，由於 HFEAct 並未區分基礎實驗或者臨床實驗，並且從法條中難以判斷英國是否允許臨床研究，又或者出於有意避免胚胎進入臨床實驗而以基礎研究作為主要立法態樣。英國立法模式採負面表列的模式，禁止任何人將胚胎或配子置入女性體內，除了經HFEA 核可的胚胎或配子外。[59] 而所謂經許可的配子包含從人體產生、取出或者其 DNA 並未經過修改過的配子；[60] 經許可的胚胎則包括經可許的精子及卵子受精而成的、胚胎之 DNA 均未改變且未加入任何其他細胞。[61] 由此可知，HFEAct 應有意避免將基因編輯過後的胚胎移植進母體內，防止因臨床實驗造成基因編輯嬰兒的誕生。2019 年公佈的 HFEA 的施行細則也明示本法禁止研究用途的胚胎被移入母體內，[62] 應可推測出英國官方有意禁止所有人類胚胎之臨床實驗進行。因此，於現階段，英國當局應該係無法通過人類胚胎的臨床試驗申請。若逕行執行實驗違反該法者，可能被處以最高至十年有期徒刑及罰金。[63]

　　然而，現行的 HFEA 已經是十幾年前訂定的，期間醫療技術的變革早已超越立法者當時的設想。從上述條文脈絡下，可能衍伸以下問題：第一，由於該法僅限定禁止在「女性」（Woman）內移植基因編輯過的胚胎，不過拜現代醫

---

[59] supra note 24, s 3(2).

[60] HFE Acts ss. 3ZA (2)(3).

[61] HFE Acts s. 3ZA (4).

[62] HFEA Code of Practice 9th edition 22A(g) The law prohibits an embryo created or obtained for research being placed in a woman.

[63] HFE Acts ss. 29(2).

學之賜，子宮移植於現在已非不可能，並且也已經有許多案例在先。[64] 因此，研究人員有意願的話，仍可進行胚胎的臨床試驗。即將胚胎移植進跨性別女性的移植子宮內，不過在此之前仍須取得 HFEA 之研究許可。[65] 第二個問題，在於該法僅規範體外（in vitro）基因編輯的胚胎不得移植進母體，未包括體內（in vivo）。儘管於體內進行基因編輯並未在人體上實驗過，然而此一疏漏仍可能成為研究人員進行體內胚胎基因編輯臨床實驗的渠道。[66]

　　由於實驗流程之一部分是在人體內進行，實驗材料本身的條件也是需要納入考量的範疇。關於實驗材料的條件，乃「14 天規則（14-day rule）」，[67] 由於 HFEAct 的規定，不允許 HFEA 授權胚胎在形成原線（primitive streak）後仍繼續研究，[68] 因此該規則約束實驗者僅得在精卵受精後 14 天內完成其實驗。不過 14 天規則並非源自科學原因，而是因為其為可辨識胚胎發育的起始點，為避免胚胎研究的倫理上的爭議，因此將該倫理上的限制加諸於科學研究限制上。[69] 正因其並非科學上的限制，單從倫理上保護胚胎的論點而受制於這 14 天，可能使得胚胎研究無法做出更進一步的發展。對於該規則存在的實際意義的質疑也隨之產生。[70] 此一爭議存在於倫理、公眾觀感及法律層面，於法律層面解決方法僅能倚賴英國議會將該規定去除或者修改；而在倫理層面及公眾觀感則因影響較為抽象，無法單純倚靠修法來變革。不過，若能夠解除 14 天的限制或延長可研究期限，將可能提供一些機會使得研究人員發掘出基因編輯胚胎的更

---

[64] Hammond-Browning, N. (2019). UK Criteria for Uterus Transplantation: A Review. *BJOG: An International Journal of Obstetrics & Gynaecology*, Vol 126, 1320–1326.

[65] UK Parliament POST-PN-0611, p.3.
Available at: https://post.parliament.uk/research-briefings/post-pn-0611/（最後瀏覽日 2020/4/19）

[66] Id.

[67] HFE Act ss. 3(4).

[68] HFE Act ss. 3(3)(a).

[69] Grunert, supra note 23, at 472.

[70] Nuffield Council on Bioethics (2017) Human embryo culture, discussions concerning the statutory time limit for maintaining human embryo in culture in the light of some recent scientific developments.

長遠性的影響，而省去進行臨床試驗的擔憂。並且由於對於延長研究的目的係為了解未來世代的基因突變之影響，如此一來可以減輕因侵害胚胎倫理地位所生的損害。[71]

2.美國

經過基礎研究、動物臨床試驗及臨床前實驗後，接著才得開啟臨床試驗的審查。於臨床試驗同樣需要接受當地研究機關的 IRB 的審查，審查內容與基礎研究相去不遠，側重於臨床研究的風險和益處以及人們招募研究的方式，以及實驗計畫、流程的妥善性等等。不過由於係臨床試驗，從而需要將受試者的知情同意程序納入考量範圍。而凡事涉及到人的臨床實驗均需要遵守 45 CFR 46 之規定，該項規定又稱為「Common Rules」，無論是否係由於聯邦資助的實驗，普遍被大多數研究者所遵守。[72] 這些規定之目的，係為使 IRB 能夠確保受試者（母體或胎兒）所受的風險降到最低，使其能夠在該臨床試驗之風險及利益中取得平衡。並就知情同意的取得及其程序有著詳細的規範，[73] 以確保受試者在實驗過程中權益不受侵害。IRB 的審核標準十分明確，臨床實驗需要達到以下標準才能夠被 IRB 獲准：(1)最小化的風險，(2)對於受試者而言，與預期收益（如果有）有關的風險是合理的，並且與合理預期產生的知識的重要性有關，(3)受試者的選擇是公平公正的,(4)徵求合法或合法代表的知情同意,(5)知情同意有被適當地紀錄或放棄，(6)研究計劃應提供足夠的措施來監視收集的數據，以確保受試者的安全,(7)應有足夠的條款來保護受試者的隱私並維護其資料的隱密性，以及(8)對於二次研究使用所需遵守的相關規定。[74] 其中值得一提的是第二項，有關合理風險 IRB 需要衡酌的因素程度為何？於條文內只要求 IRB 考慮研究可能產生的風險和效益（與不參加研究的受試者不同之處），不須考量從該研究中所獲得的知識於未來可能產生的長期影響（如對公共政策的可能影

---

[71]　Grunert, supra note 23, at 473.

[72]　同第二章註 2，p.46-47。

[73]　45 CFR Sec. 46.116.

[74]　45 CFR Sec. 46.111.

響）。[75] 因此，IRB 於審查該臨床實驗是否通過時，是否會因為因此改變對於胚胎、罹患罹病者的社會觀感，或者加速社會不平等之類的非科學性風險，均非其權責內需要考量的範疇。因為此類社會議題或公眾政策，應該歸諸於立法層級所管。[76]

對於涉及將重組或合成核酸分子或其衍生的 DNA 或 RNA 移轉至人類受試者中的實驗均須受臨床試驗地的 IBC 到的獲准，並獲得所有適當的監管授權和批准。[77] IBC 之職責於確保臨床實驗遵循 NIH 所頒布的指導方針，主要作用在於評估實驗設施、流程、實施及人員是否受到專業訓練，及檢視實驗之生物安全與否。[78] 除此之外，凡是涉及到基因移轉的臨床實驗亦可能受到 Recombinant DNA Advisory Committee (RAC)[79]的監管，並與 IBC 於 NIH 的體制下協同發揮管制作用。原先研究參與者必須先通過相關 IBC 和 IRB 的獲准才能開啟臨床試驗。而這些機構通常會根據 RAC 的建議做出決定，儘管研究推展的過程並不需要 RAC 本身的獲准。[80] 因此，於人類胚胎基因編輯臨床實驗的審核程序，RAC 的定位屬於前審查機構，對涉及人類核酸分子的臨床試驗作出適當性建議。RAC 與 IRB 之不同之處，在於其提供一個較為公開的平臺予以公眾對該臨床試驗做出廣泛、更為深層次的討論；而 IRB 僅為當地研究機構設置，

---

[75] 45 CFR Sec. 46.111(a)(2)).

[76] Charo, R. A. (2020). Legal Issues Related to Human Germline Genome Editing in the United States. In Rechtliche Aspekte der Genom-Editierung an der menschlichen Keimbahn (p. 454). Springer, Berlin, Heidelberg.

[77] NIH Guidelines for Research Involving Recombinant or Synthetic Nucleic Acid Molecules (2019) Section I-A-1-a.

[78] NIH Guidelines for Research Involving Recombinant or Synthetic Nucleic Acid Molecules (2019) Section IV-B-2-b-(1).

[79] 2019 年 NIH 為了因應新興的研究領域的發展，將 RAC 更名為 Novel and Exceptional Technology and Research Advisory Committee (NeXTRAC)。目的希望委員會的職權包括但不限於重組或合成核酸的研究技術的發展。
Available at: https://osp.od.nih.gov/wp-content/uploads/NExTRAC_Charter_041219_508.pdf (最後瀏覽日 2020/4/21)

[80] 同第二章註 2，p. 51。

未必會將其內容公諸於眾，也對其委員會組織之資格未予以限制。然而，在 2019 年所發佈的 NIH 指導方針中，為避免 RAC 定位與其他審查機構的單位重疊及簡化審查流程，使 RAC 回歸原先最初設置之定位。[81] 因此，負責作為 IRB 的前審查機制已經不復存在。NIH 有意將新編制的組織 NeXTRAC 作為單純的諮詢式組織。儘管 IBCs 及 IRBs 仍須監管該類基因移轉實驗，然而少了 RAC 作為專業的基因移轉前諮詢單位，無疑加重 IBCs 及 IRBs 獨立審查的負擔。並且剝奪了一層臨床研究審查機制，亦可能增加公眾對於不確定基因研究的擔憂。[82]

　　除了 NIH 為主軸的審查體系，如果臨床試驗的流程發展到需要將試驗的產出作成特定藥物或治療方法的話，將會引出另一個管制單位——Center for Biologics Evaluation and Research (CBER)。CBER 隸屬於 FDA 管轄之下，由於依據 NIH 指導方針的規範，若核酸移轉於人體的臨床實驗涉及到由 FDA 所監管的實驗申請，則不屬於 NIH 管制的研究，即不須提交 IBC 審查及獲准。[83] 再依 FDA 的見解，若要在人類身上使用 CRISPR/Cas9 此類的基因編輯技術，其臨床實驗將由 CBER 全權負責，由其決定是否開展一個臨床試驗，以及是否獲准一項產品上市。[84] 而生殖系基因編輯臨床實驗之最終目的，可能是將該實驗結果製成生物製劑或成為一種基因治療方法，此即須受到 FDA 的「Investigational New Drug」（IND）的豁免許可。[85] 雖然，IND 與前述審查單位一樣，主要是為了審查臨床實驗的安全性及有效性，不過不同的是，IND 審

---

[81] NIH Guidelines – Frequently Asked Questions: April 2019 Amendment of the NIH Guidelines. Available at: https://osp.od.nih.gov/biotechnology/faqs-on-the-nih-guidelines-research-synthetic-nucleic-acid-molecules/ (最後瀏覽日 2020/4/21)

[82] Melinda Young (July 1, 2019). The RAC Is Disappearing — What Will IRBs Be Missing? Available at: https://www.reliasmedia.com/articles/144633-the-rac-is-disappearing-what-will-irbs-be-missing (最後瀏覽日 2020/4/21)

[83] NIH Guidelines for Research Involving Recombinant or Synthetic Nucleic Acid Molecules (2019) Section III-C.

[84] Information About Self-Administration of Gene Therapy. Available at: https://www.fda.gov/vaccines-blood-biologics/cellular-gene-therapy-products/information-about-self-administration-gene-therapy (最後瀏覽日 2020/5/22)

[85] Charo, supra note 76, at 451.

查流程並非如 RAC 一樣是對外公開審查的，[86] 並且 IND 的審查不論其資金來源非出自國家資助或與國家資助的機構無關，均須受到該審查程序的檢驗。[87] 在 IND 的檢驗流程包括四個階段（Phase）：第一階段：研究人員首次在少數人群中測試一種新藥或新療法，以評估其安全性，確定安全劑量範圍並確定副作用；第二階段：將藥物或治療藥物施予更大範圍的受試者，查看其是否有效並進一步評估其安全性；第三階段：將藥物或治療藥物大規模分配給受試者，確認其有效性、監測副作用、將其與常用的治療方法進行比較，並將可安全使用藥物或治療方法的資訊搜集整理；第四階段：在藥物或治療藥物上市後繼續進行研究，確認該藥物在不同人群間的作用，以及與長期使用相關的任何副作用資訊。[88] 在經過這些複雜繁瑣的審查流程後，IND 的臨床實驗審查才算告一段落。然而，儘管理論上，生殖系臨床實驗僅需通過 IND 的申請許可及一系列的檢驗即可成功上市。然而由於生殖系基因編輯的風險評估、安全性爭議及後續資訊搜集的困難等種種問題，導致該審查流程將空有外殼，難以適用於生殖系基因編輯。再加上國會對於胚胎研究所作的預算措施約束，禁止 FDA 承認人類胚胎相關研究於新藥開發的豁免申請。[89] 因此，在審查程序不友善及立法禁止的雙重阻礙之下，生殖系臨床實驗於現階段的美國仍然是不合法的。即便立法允許了，臨床研究仍須面對上述的問題，以及資金籌措的困境。[90]

3.中國

與英國的單一管制單位及美國的併行的垂直型管制不同，中國於管制生殖系編輯臨床試驗的單位及法規相較而言，屬於水平式管制體系。於完成實驗室階段的基礎實驗後，欲進入下一階段的臨床試驗後，即需要遵照 2016 年由國家

---

[87] Charo, supra note 76, at 452.

[88] Barnett, S. A. (2016). Regulating Human Germline Modification in Light of CRISPR. U. Rich. L. Rev., 51, 586-587.

[89] Supra note 35.

[90] Charo, supra note 76, at 454.

衛生和計劃生育委員會發佈的《涉及人的生物醫學研究倫理審查辦法》（於此處簡稱《倫理審查辦法》）的相關規定行之。該《倫理審查辦法》除了更具體化其前身試行規範，更將倫理委員會審查流程及組織具體化。[91] 更引入了區域型審查系統，將審查委員會的體系從中央拓展至地方。依該《倫理審查辦法》第七條之規定，從事涉及人的生物醫學研究的醫療衛生機構是涉及人的生物醫學研究倫理審查工作的管理責任主體，應當設立倫理委員會，並採取有效措施保障倫理委員會獨立開展倫理審查工作。醫療衛生機構未設立倫理委員會的，不得開展涉及人的生物醫學研究工作。受制於規定要求，舉凡涉及人體的臨床試驗開始之前，均需要受到地方的倫理委員會審查許可，[92] 類似於美國研究單位之 IRB 的審查功能，實驗得否繼續進行取決於倫理委員會的判斷，[93] 以此過濾不安全或違反實驗倫理、臨床倫理之試驗。委員會主要權責在控制實驗風險、確保受試者具無瑕疵知情同意及研究者的利益衝突等情事。並在臨床試驗的過程中，保障受試者的權益不受侵害。然而與 IRB 較為不同的是，由於其根本是倫理委員會，因此其核心宗旨乃確保倫理的社會價值存續，兼及保障受試者的權益。[94] 故對於未來長遠性的影響，倫理委員需要予以考量，此與 IRB 僅須將科學性證據對臨床試驗之影響納入核可標準相左。若該實驗並未由經過國家許可的實驗審查單位許可，即擅自進行涉及人的臨床試驗，應依據本法第四十五

---

[91] 同前揭註 44，p.18。

[92] 《涉及人的生物醫學研究倫理審查辦法》第五條
國家衛生計生委負責全國涉及人的生物醫學研究倫理審查工作的監督管理，成立國家醫學倫理專家委員會。國家中醫藥管理局負責中醫藥研究倫理審查工作的監督管理，成立國家中醫藥倫理專家委員會。省級衛生計生行政部門成立省級醫學倫理專家委員會。縣級以上地方衛生計生行政部門負責本行政區域涉及人的生物醫學研究倫理審查工作的監督管理。

[93] 《涉及人的生物醫學研究倫理審查辦法》第二十三條
倫理委員會應當對審查的研究項目作出批准、不批准、修改後批准、修改後再審、暫停或者終止研究的決定，並說明理由。

[94] 《涉及人的生物醫學研究倫理審查辦法》第二十二條
倫理委員會批准研究項目的基本標準是：（一）堅持生命倫理的社會價值；（二）研究方案科學；（三）公平選擇受試者；（四）合理的風險與受益比例；（五）知情同意書規範；（六）尊重受試者權利；（七）遵守科研誠信規範。

條[95]和第四十七條[96]追究其責任，或者被處以罰款或者給予處分，然而略顯不周之處，在於該規定並未詳述處分內容為何，均交由主管機關自行處分。

除此之外，依 2018 年所施行的《醫療技術臨床應用管理辦法》（於此稱《管理辦法》）第九條[97]、第十條[98]以及第十三條[99]之規定，醫療技術存在重大倫理問題，應禁止於臨床應用；涉及重大倫理風險的醫療技術，須由省級以上衛生行政部門嚴格管理，未經倫理委員會審查通過的醫療技術，特別是限制類醫療技術，不得應用於臨床。準此而言，凡是涉及至關重大的倫理問題，即必須先報請相關政府部門備案。並依中國國務院在 2015 年頒布的《關於取消非行政許可審批事項的決定》中規定，第三類技術臨床應用不再適用准入審批。而 CRISPR/Cas9 基因編輯技術直接用於編輯人類胚胎基因的臨床應用，屬於需

---

[95] 《涉及人的生物醫學研究倫理審查辦法》第四十五條
醫療衛生機構未按照規定設立倫理委員會擅自開展涉及人的生物醫學研究的，由縣級以上地方衛生計生行政部門責令限期整改；逾期不改的，由縣級以上地方衛生計生行政部門予以警告，並可處以 3 萬元以下罰款；對機構主要負責人和其他責任人員，依法給予處分。

[96] 《涉及人的生物醫學研究倫理審查辦法》第四十七條
項目研究者違反本辦法規定，有下列情形之一的，由縣級以上地方衛生計生行政部門責令限期整改，並可根據情節輕重給予通報批評、警告；對主要負責人和其他責任人員，依法給予處分：
（一）研究項目或者研究方案未獲得倫理委員會審查批准擅自開展項目研究工作的；（二）研究過程中發生嚴重不良反應或者嚴重不良事件未及時報告倫理委員會的；（三）違反知情同意相關規定開展項目研究的；（四）其他違反本辦法規定的情形。

[97] 《醫療技術臨床應用管理辦法》第九條
醫療技術具有下列情形之一的，禁止應用於臨床（以下簡稱禁止類技術）：（一）臨床應用安全性、有效性不確切；（二）存在重大倫理問題；（三）該技術已經被臨床淘汰；（四）未經臨床研究論證的醫療新技術。禁止類技術目錄由國家衛生健康委製定發布或者委託專業組織製定發布，並根據情況適時予以調整。

[98] 《醫療技術臨床應用管理辦法》第十條
禁止類技術目錄以外並具有下列情形之一的，作為需要重點加強管理的醫療技術（以下簡稱限制類技術），由省級以上衛生行政部門嚴格管理：（一）技術難度大、風險高，對醫療機構的服務能力、人員水平有較高專業要求，需要設置限定條件的；（二）需要消耗稀缺資源的；（三）涉及重大倫理風險的；（四）存在不合理臨床應用，需要重點管理的。

[99] 《醫療技術臨床應用管理辦法》第十三條
醫療機構擬開展存在重大倫理風險的醫療技術，應當提請本機構倫理委員會審議，必要時可以諮詢省級和國家醫學倫理專家委員會。未經本機構倫理委員會審查通過的醫療技術，特別是限制類醫療技術，不得應用於臨床。

嚴格監管的第三類醫療技術，為加強事後監管，防止出現管理真空，須經由省級衛生行政部門管理和審批。[100] 回到「基因編輯嬰兒」的臨床試驗本身，依上述規定，即便不是存在重大倫理，仍屬涉及重大倫理風險，均須經過倫理委員會審查。然而，於該事件中，倫理委員會審查書經調查結果涉嫌偽造，即為違反該規定，再依據《醫療機構管理條例》第二十五條之規定：「醫療機構執業，必須遵守有關法律、法規和醫療技術規範。」故解釋上來說，違反該《管理辦法》即應視同違反本《條例》，應依該條例論處，由主管機關命停業或處以罰金。值得注意的是，在該《管理辦法》第四十七條規定：「人體器官移植技術、人類輔助生殖技術、細胞治療技術的監督管理不適用本辦法。」有學者認為這並非表明官方對這幾個領域的技術應用不予以規制，而是需要另行制定規則。[101] 不過，依其認知乃執行「HIV 免疫基因 CCR5 胚胎基因編輯」的臨床試驗，人工生殖方法不過是該臨床實驗後階段的實施方法，若依此見解的話，本書認為仍應受到該辦法所規制。

　　不過縱使如此，依照該辦法之規定僅為原則性規定，縱使違反的結果，僅是警告或者予以罰款而已，不具備法律上強烈的規制性，難以遏止違反該辦法的實驗進行。並且該辦法就何謂「重大倫理問題」亦未具備明確之敘述，不論審查單位抑或研究人員均難以遵從。於現階段，中國尚未有明確法條或命令指出禁止生殖系基因編輯之臨床試驗，僅能從上述辦法推敲出中國現階段的管制態度。於該事件過後，中國當局即展現出對基因編輯技術加以管制的意願，於 2019 年發布《生物醫學新技術臨床應用管理條例（徵求意見稿）》廣泛聽取社會公眾意見。[102] 並經過半年的意見討論後，重新修正為《生物醫學新技術臨床

---

[100] 崔建洲, 林秀金, 沈漢明（2018），〈基因編輯技術(CRISPR-Cas9)在醫學領域的應用及其相關倫理問題思考〉，《中國現代應用藥學》，35(12)，頁 1755-1760。

[101] 鄭戈（2019），〈邁向生命憲制──法律如何回應基因編輯技術應用中的風險〉，《法商研究》，36 卷，第 02 期，頁 9。

[102] 醫政醫管局，關於生物醫學新技術臨床應用管理條例（徵求意見稿）公開徵求意見的公告。載於：www.nhc.gov.cn/yzygj/s7659/201902/0f24ddc242c24212abc42aa8b539584d.shtml（最後瀏覽日：2020/4/22）

研究和轉化應用管理條例（草案）》，[103] 該草案除了明確了審理單位的管理範疇，更重要的是，鑑於現有規定處罰規範較弱，無法形成威懾的問題，該草案加強違規處罰的力度，包括終止臨床實驗許可、吊銷《醫療機構執業許可證》、終生不得從事生物醫學新技術臨床研究等，情節嚴重者更會予以追究刑事責任，以此懲戒違規之研究者，並建立健全的管制體系以監管基因編輯之臨床試驗。儘管該立法草案立意良善，惟該草案仍未將研究及治療行為區分，並且亦未將生殖細胞及體細胞之應用、研究、臨床實驗予以區辨，使得一直以來治療與研究之間若有若無的界線依然處於模糊地帶。

三、臨床應用

1.英國

原先 1990 年版本的 HFE Act 中並未明文禁止醫療用途之外的胚胎使用，僅要求須經過 HFEA 的許可。相較之下，對基因治療的態度即表現得較為清楚，直接禁止當局核可任何會導致生殖系發生遺傳變異的基因治療試驗進行。[104] 這樣的立場在 2008 年 HFE Act 修法後，仍然維持不變，限制在臨床過程中修改精卵細胞或胚胎的細胞核基因及粒線體基因（mtDNA），並且禁止 HFEA 許可以保存或使用胚胎以提供治療服務為目的的申請。[105] 不過，在同條的第（5）項下卻開放了一例外，允許為了防止嚴重的粒線體疾病遺傳而改變粒線體基因。[106] 此一修正提供了於條文規定的情況下得修改人類特定基因的突破口，並成為 2015 年制定 The Human Fertilisation and Embryology (Mitochondrial Donation)

---

[103] 生物醫學新技術臨床研究和轉化應用管理條例（草案）
載於：http://www.gxmu.edu.cn/xwgk/wwtz/201909/P020190918474666246561.pdf（最後瀏覽日：2020/4/22）

[104] The Medicines for Human Use (Clinical Trials) Regulations (2004) s. 19(3)
The licensing authority shall not authorise a clinical trial involving products for gene therapy if the use of those products in that trial would result in modifications to any subject's germ line genetic identity.

[105] HFE Act s. 14(12).

[106] HFE Act s. 3ZA(5).

Regulations（HFE(MD)R）的引子。[107] 在制定 HFE(MD)R 後，英國毫無疑問地成為國際間唯一有明確的立法授權允許在人體進行生殖系基因編輯的國家，並且在該法規制定後的數年內，相繼獲准了專責執行粒線體置換療法（MRT）的診所，以及兩項治療粒線體相關遺傳疾病的申請。[108]

　　雖然，英國已經承認 MRT 的合法性，能夠以此方法進行臨床上應用，並進而改變人類基因。不過，MRT 是否屬於「生殖系基因編輯」的範疇，仍有待商榷。原因乃出於基因編輯定義，由於我們並未將生殖系基因編輯的範圍明確定義，根據本書脈絡係將生殖系定義為精卵細胞、受精卵細胞及胚胎。然而粒線體本身並非生殖細胞的一類，而是位在細胞內專責製造能量的胞器，與細胞核內的基因攜帶改變性狀的 DNA 序列在功能意義上不同。並且在絕大多數情形下都是由母系遺傳，[109] 故後代的細胞內的粒線體僅會從卵細胞中取得，而所謂粒線體置換療法，乃將胚胎或者卵細胞內的粒線體「置換」為另一胚胎或卵細胞的粒線體。經此置換的結果，並不會影響後代的外在遺傳性狀，因此 MRT 的粒線體置換即與典型可能會改變性狀的「生殖系基因編輯」之想像產生了分歧。不過，英國當局聲稱，粒線體置換在某種程度上確實是生殖系修飾（germline modification）；不過換個角度來說，亦可能不是純粹的修改，由於該技術係將粒線體「整體」置換，並未就該粒線體內的任何基因進行修改，因此並非是生殖系基因修飾（germline genetic modification）。[110]

　　鑑於 HFE Act 的係於 1990 年代所訂定的法律，依其立法的時代背景下，MRT 技術應該尚未被發展出來，而 HFE Act 的目的乃是管制當時剛興起的人

---

[107] 同前揭註 31，頁 60。

[108] Baylis, F. (2019). Altered Inheritance: CRISPR and the ethics of human genome editing, p55, Cambridge, Massachusetts: Harvard University Press.

[109] Luo, S., Valencia, C. A., Zhang, J., Lee, N. C., Slone, J., Gui, B., ... & Chen, S. M. (2018). Biparental inheritance of mitochondrial DNA in humans. *Proceedings of the National Academy of Sciences,* 115(51), 13039-13044.

[110] Scott, R., & Wilkinson, S. (2017). Germline genetic modification and identity: the mitochondrial and nuclear genomes. *Oxford journal of legal studies*, 37(4), 898-901.

工生殖技術和管制胚胎實驗及應用等。該法無疑是將規範標的侷限在限制涉及細胞核的基因編輯行為，並且希望以此將粒線體與細胞核修飾區分開來。[111] 換言之，以歷史解釋，應該可以推知 HFE Act 所規範的生殖系基因編輯應不包括粒線體置換此一方式。另一方面，從目的性的解釋，該法令終究係為了規範任何有可能影響胚胎基因的行為，若單純就該 MRT 本身的操作過程，確實會導致胚胎的基因體發生改變，儘管此種改變對其遺傳特徵並不重大。不過，該置換過的粒線體，若經由女性子代仍有可能會傳遞至後代的基因中。並且，就該經過 MRT 的胚胎，其個人心理影響可能也不亞於經過基因編輯過的嬰兒。[112] 以上正反觀點均在討論 MRT 是否為基因編輯之一類，以筆者之觀點認為，即使英國將 MRT 技術以 HFE(MD)R 獨立於 HFE Act 之外特別管制，仍無法改變其終究為基因修飾之型態，並且 HFE(MD)R 仍須遵從母法 HFE Act 之相關規定。

依照上述，英國成為全球第一也是唯一立法允許生殖系基因編輯的國家，但對於 MRT 的倫理爭論並非在法律制定後便安然無事，[113] 並且欲執行 MRT 仍須遵守繁瑣的規定，以及受到 HFEA 把關，[114] 因此仍然可以依據其許可標準篩選不適當的實驗。由於先前管制的範圍全面且嚴密，公眾不至於過度擔憂因開放此類基因修飾的臨床行為，而造成與生殖系基因編輯一樣的後果。

2.美國

在生殖系基因編輯之臨床應用上，主要是以基因治療或者藥物治療的形式，而這些醫療申請程序均交由 FDA 負責監管，而在上市前均需要接受臨床試

---

[111] 同前揭註 110，p.902。

[112] 同前揭註 110，p.913。

[113] Department of Health (2014). Mitochondrial Donation, Government Response to the Consultation on Draft Regulations to Permit the Use of New Treatment Techniques to Prevent the Transmission of a Serious Mitochondrial Disease from Mather to child, p. 11.
Available at: https://assets.publishing.service.gov.uk/government/uploads/system/uploads/attachment_data/file/332881/Consultation_response.pdf (最後瀏覽日 2020/5/4)

[114] HFE(MD)R Explanatory Note.

驗許可。不過依前述之討論，美國當局以撥款法案限制 FDA 接受任何有關生殖系基因編輯相關的藥物及生物製劑申請。這意味著在臨床領域中無法向病患提供基因編輯應用，因為監管機構的上市前批准是應用於臨床應用的先決條件。儘管該法案在每一年都成為議會辯論的關鍵議題，有認為該法案從未受到公眾討論，如此武斷地一概禁止可能會因此限制到重要的科學研究。[115] 然而，擔心利用基因編輯技術修改人類基因體的恐懼隨著賀建奎事件而甚囂塵上，在 2020 年的撥款法案亦可見其蹤跡。[116] 美國至今仍未明文禁止生殖系基因編輯之臨床應用，但是以前階段重重限制，再加以立法上的不支持，使得生殖系基因編輯於美國實施臨床行為遙不可及。

　　即使立法機關廢除該撥款法案對 FDA 的限制，仍應遵守相關保障受試者的法規。為了符合相關法規，生殖系編輯必須進行臨床測試以證明其安全性和有效性，並在上市之前獲得 FDA 的獲准。其中，與此階段最相關聯的是「Common Rule」的 Subpart D，規範與孩童相關的實驗所應遵循之事項。[117] 據該規定，研究不得超過最小風險，即使超過風險，[118] 亦應為兒童提供直接受益的前景才得允許。[119] 所謂最小風險意指，實驗中預期的傷害或不適的可能性與程度，不超過他們原先於日常生活或物理或心理檢測中所需遭受的。[120] 基於對於人類基因的未知，以及基因編輯技術的副作用的了解不夠清楚，在尚未解決脫靶效應和鑲嵌現象之前，對於生殖系基因編輯技術而言，應該無法滿足最小

---

[115] Jocelyn Kaiser (June 4, 2019). Update: House spending panel restores U.S. ban on gene-edited babies. Science. Available at: https://www.sciencemag.org/news/2019/06/update-house-spending-panel-restores-us-ban-gene-edited-babies （最後瀏覽日 2020/5/4）

[116] Further Consolidated Appropriations Act, 2020, H.R.1865, s. 745.

[117] Jennifer M. Gumer (August 9, 2019). Why Human Germline Editing Might Never Be Legal in the U.S.. Hastings Bioethics Forum. Available at: https://www.thehastingscenter.org/why-human-germline-editing-might-never-be-legal-in-the-u-s/ （最後瀏覽日 2020/5/4）

[118] 45 CFR § 46.404.

[119] 45 CFR § 46.405.

[120] 45 CFR § 46.102(7)(j).

風險之要求。[121]

並且，上述所討論到 MRT 技術，於美國也未允許實施。[122] 與英國將 MRT 定性為治療相比之下，美國則認為治療乃將對現存的人們進行診斷的醫療行為，而 MRT 乃對尚未出生的胚胎進行的基因操作，並非歸屬在治療的概念之下。[123] 不論 MRT 是否屬於生殖系基因編輯技術，這都顯現出美國於基因編輯這件事較為保守的立法態度。至少在當今立法撥款法案仍存在的現況下，難以在美國實施生殖系基因編輯行為。

3.中國

中國現階段未允許對生殖細胞進行編輯的臨床試驗，更不用說係其應用於臨床治療。因此，若科學家若欲進行基因編輯嬰兒，其可能涉及的法律問題除了前述提及的實驗審查程序及倫理審查外，由於已至臨床階段，管制的法規範不僅限於實驗，尚擴及至臨床醫療方面。依 2003 年《人胚胎幹細胞研究倫理指導原則》第六條之規定，進行人胚胎幹細胞研究，必須遵守以下行為規範：（一）利用體外受精或遺傳修飾獲得的囊胚，其體外培養期限自受精或核移植開始不得超過 14 天。（二）不得將前款中獲得的已用於研究的人囊胚植入人或任何其它動物的生殖系統。該規定明確指出，禁止將實驗用的胚胎移植進人體內，不過由於前述所提，該指導規範缺乏強制力的問題仍尚未解決，並且該指導規則僅限制研究用途的囊胚無法移植，並未包括於以治療為目的的，故以該指導規則作為限制臨床治療的法規尚嫌未洽。

另外，由於基因編輯嬰兒的實施必須使用到人工生殖技術，這屬於基因編輯的臨床範疇，便需要倚賴專門管制人工生殖的法規範。於中國實施人工生殖應符合中國衛生部制定的《人類輔助生殖技術規範》相關規定，依該規範第三條第(九)款之規定，禁止技術實施人員以生殖為目的對人類胚胎進行基因操作，

---

[121] 同前揭註 117。

[122] Wolf, D. P., Mitalipov, P. A., & Mitalipov, S. M. (2019). Principles of and strategies for germline gene therapy. *Nature medicine*, 25(6), 893.

[123] 同前揭註 122，p.893。

對於實施人員訂下明確指導規範。該規範反映出中國的態度，即便有可能以基因編輯之方式達到生殖目的，技術人員亦不得替其實施人工生殖。附屬於該規範的《人類輔助生殖技術管理辦法》也對實施人工生殖做出細節性規定，於第十條、第十三條一再要求實施人工生殖需要遵守《醫療機構管理條例》及《人類輔助生殖技術規範》的規定。尚對實施地點及資格做出限制，如該辦法第十二條：「人類輔助生殖技術必須在經過批准並進行登記的醫療機構中實施；未經衛生行政部門批准，任何單位和個人不得實施人類輔助生殖技術。」，除此之外，對於人工生殖實施前的要求亦規定在第十四條，要求除須遵循知情同意原則外，涉及倫理問題的議題，應當提交醫學倫理委員會討論。因此，不論係胚胎基因編輯的基礎研究、臨床研究需要成立倫理委員會，縱然前述委員會均允許進行，於人工生殖階段亦應另行籌組醫學倫理委員會進行審查，並對基因編輯嬰兒的最後一階段，做出最後周詳的審顧。

第三節　英、美、中之法規範綜合比較

在剖析這三個國家的管制體系後，可以顯而易見地發現各自擁有相異單位及管制方式。英國主要由一個明確的法律與一個所屬專責機關掌管，在 HFE Act 施行後，生殖生物科技技術均交由該法令所管，英國當局管制方式可以分為三種層級，首先先區分何類事項係被禁止、何種事項得在獲得許可後施行；其次透過 HFEA 官方機構判斷哪種行為、哪種人員或者情況得以獲得許可；最後再經由 HFEA 監管整個臨床體系，並監控整個實驗流程均在先前授權的範圍內實施。[124] 英國的管制架構主要圍繞在 HFEA，該機構在核發許可證的過程中乃享有極大的權力，在涉及製造、保存或使用配子或配胎的行為，以及涉及利用此類細胞進行治療行為或計畫研究目的時，均得適時介入並予以專業性意見，或者依其判斷停止該實驗或行為進行。然而，採用單一集中的管理方式並非全然都是優點，由於向 HFEA 提出實驗申請之前，仍應經過所屬機構的地方性倫理

---

[124] 同第四章註 7，p. 105。

委員會通過，使得從地方到中央之前的審查流程產生過多的決策單位，令研究者耗時費力，並且即使實驗通過，之後可能還需要每年進行一次重新審查，以達到的持續性監管。

美國管制架構則是較為縱向管制，以實驗階段作為管制層級的區分。在聯邦鬆散的管制架構下，尊重各州政府的立法自由，聯邦政府僅以立法形式的預算分配制度限制，以撥款法案行使聯邦警察權，對於基因編輯作為臨床應用的最後一道防線。在基礎研究方面，隨著各州立法不盡相同，對於基因編輯的開放態度便因為州政府立場擺盪，而有一國之內各州對基因編輯胚胎有的限制、有的支持的現象。在基礎研究管制架構，與英國相比較為複雜且繁瑣，法條分散且並非直接管制基因編輯事項，僅能從現有的實驗管制法規中探求得以作為審查的組織及規定。當前架構乃依照實驗流程分為多階段管制，雖然聯邦法律沒有明確禁止何種實驗被國家所禁止，將管制實權交由不同層級的審查單位負責，每個層級均需要經由各個審查單位檢視其是否符合各該規章的要求。此一管制方式容易衍伸就同一試驗於相同實驗階段中過度審查，造成重複審查的行政成本。因此，在 2019 年，NIH 為避免 RAC 與其他審查機構的單位重疊及簡化審查流程，將 RAC 從審查過程中去除。[125] 不過以當今簡化過的審查流程，仍須經過 IRBs、IBCs 等重重手續，才能進行基礎試驗。即使，儘管當前美國在這些技術的上市前階段擁有非常強大的控制權，但是一旦解禁，基因編輯藥物或生物製劑進入市場後，其控制權力便會削弱許多。[126] 與此相對地，英國對於涉及胚胎的基因編輯程序不論係事前管制或上市後監管均有強大的約束力，並且管制範圍不僅限於該藥物本身，更涉及使用地點及被何人所使用。[127]

中國方面，由於基因編輯嬰兒事件後，才開始認真的檢討對於基因編輯技術的法規範，並且現在正著手制定新興的法規範予以規範。在那之前，現階段

---

[125] 同前揭註 81。

[126] Charo R.A. (2016). The legal and regulatory context for human gene editing. ISSUES SCI. TECHNOL., 32(3), 42.

[127] 同前揭註 126。

的法規範，儘管有明文禁止不得進行基因編輯胚胎，但大多數的法規範僅停留在命令層級，並不具備法律授權，並且，絕大多數的規範多停留在原則性的禁令，未設有違反該禁令的相應懲處。除此之外，尚有諸多原因導致監管容易發生問題，學者歸納出以下幾點原因：首先，由於中國領土幅員廣闊，大量的且分散性的地區性研究機構；第二，將生物醫學研究的監管責任分配到整合程度有限的部門和機構中；第三，國家制定的法規僅提供一般性指導原則，而實施細部規範則留給省級政府部門，可能導致實際操作時與原規範意旨發生差異；第四，軍事研究機構和軍事醫院等特殊機構，其監管單位及管理規範與一般機構不同的平行體系，通常享有更大程度的自由。[128] 鑑於上述原因，中國在監管基因編輯相關實驗不如其他國家，尤其在不同省份或不同審查單位間更會有明顯的差距。[129]

　　整體而言，西方國家就生殖系基因編輯的限制，受宗教及傳統思維影響，因而有著較為完善且有體系的規範。在英國即是如此，儘管在美國隨著各州民情不同，而有容許及禁止如此相異的規範，但均被立法限制止步於臨床。不過，在中國的社會文化中，對基因編輯的倫理敏感度相比之下，顯得較薄弱。雖然有宣示性的規範禁止基因編輯之規章，但僅停留在命令層級，且未規範違反的法律效果，亦不構成對違反者的威嚇。若從生物倫理的角度來看，生殖系基因編輯管制應當藉由多層級的審查機構，評估實驗正當性及安全性後，再予以核可實施。倘若審查機構與實驗機構出自於同一研究單位，則容易發生利益衝突的事宜。而利益衝突的發生又欠缺事後規管的單位進行監督時，則便容易發生受試者權益、健康遭受侵害的情形，並且當此情形發生往往是無法補救的。

　　除此之外，在討論法規效力時，取決於該法規範在其規範層級中佔據的地位。如前所述，中國是以指導原則及辦法等命令層級的法規範進行管制，與此相比之下，英國即是透過效力更高的法律（Act）層級作為規範來源，並以該法作為母法進行其他技術的規則（Regulation）。姑且不論規範內容本身，是否得

---

[128] 同前揭註 44，p.34。

[129] 同前揭註 44，p.36。

以命令作為基因編輯的管制的法規範即有爭議。依照經濟、社會及文化權利國際公約（International Covenant on Economic, Social and Cultural Rights, ICESCR）第四條規定，國家對人民權利僅得加「法律」明定之方式加以限制，又其所加的限制以與此類權利之性質不相牴觸為準，且加以限制之唯一目的應在增進民主社會之公共福利。而中國、美國及英國均為會員國，因此必須遵守該規定。據該規定可知，科學研究自由（scientific freedom）並非絕對的權利，為保護研究參與者是能夠設下限制的。尤其當研究參與者是人類時，更是如此。[130] 然而，即便能夠增加限制，該限制也僅能在必要且符合增進民主社會福祉之限度上，若毫無替代方案且未能達到前述目的，則違反 ICESCR 第 15 條第 3 項所保障的「科學研究和創造性活動所不可或缺的自由」。[131] 考量到利用胚胎進行生殖系基因編輯臨床實驗目的往往是為了增加對胚胎遺傳疾病的了解，並且該手段亦是達到該目的不可或缺的，因此若該國全面禁止，無制定其餘配套措施或例外條款（例如個案審查），僅一概禁止無疑會造成善意的研究者實驗受阻。

　　雖然，賀建奎事件造成的發生已經無法回溯，然而仍有亡羊補牢的方法，便是加強對實驗的監管，加強實驗監管並非紙上談兵。此事件後科學界共識是暫緩該實驗的進行，甚至是希望禁止此類實驗的申請。在此筆者主張反其道而行的理由，乃為了增加公眾對於基因編輯技術管制的對話。畢竟在該事件之前，中國仍然是禁止基因編輯臨床試驗，但全面限制的結果顯而易見，除效果不彰外，也使得公眾欠缺了及時反映的管道。在穩定的基因編輯管制法規範形成之前勢必需要透過一定程度的民主辯論，以公眾的意見形塑出的法秩序，除了能夠適當反映一般人的倫理價值外，還能使得該技術的內容夠完整地呈現於公眾，公眾一旦了解該技術的作用及效果後，便不至於對未知的科學研究產生惶恐。因此，在檢視各國法規範的缺失後，有必要重新審視形成生殖系基因編輯法規範的過程中，公眾參與於其中存在的必要性。

---

[130] Boggio, A., Knoppers, B. M., Almqvist, J., & Romano, C. P. R. (2019). The Human Right to Science and the Regulation of Human Germline Engineering. *The CRISPR Journal*, 2(3), 140.

[131] 同前揭註 130，p.141。

第六章　公眾參與對基因編輯治理的影響

第一節　何謂「公眾參與」

　　基因編輯要從國際倫理共識上解決仍存在許多問題，由於各個國際組織間協商、辯論的過程往往冗長或欠缺效率，欲取得所謂的國際倫理共識來解決基因編輯的問題便顯得不切實際。最有直接效果的規範方式便是訴諸於法律，除了帶有國家主權的強制力外，亦有明確的規範能供研究者依歸。如上一章節所述，各國法規範截然不同，而各國之所以有不同的法規範、管制架構，起因於該國對於基因編輯的倫理思維，以及與該國法秩序之形成過程有關。法規範之形成會因為該國民俗風情以及公眾對於該技術之觀感而左右其未來訂定之走向，倘若社會大眾對於某一技術之立法感到疑慮，由於民眾對該立法的內容了解往往不如法律學者或技術研究者，而最直接的反映其疑慮的方式即是透過公眾參與。透過公眾參與法秩序之制定，等同於立法者直接與社會對話而完整了立法的過程，或者讓公眾理解技術原理及效果，以降低公眾恐懼，取而代之的是增強信任。

　　然而，何謂「公眾參與」（Public Engagement）？若從科學層面來論述，需要先從「公眾科學理解」（public understanding of science）開始談起。由於傳統上公眾多為接受資訊者，科學知識的傳播者多由科學家扮演，向大眾單向地傳遞知識的方式，認為公眾僅需接收正確的科學知識，便能會科技有進一步的認識，雖然此言無誤；不過對該技術的進一步認識，並非附隨帶來對該技術的信任。由於，缺少雙向且互動式的社會溝通，排除了公眾參與及社會多元價值，容易造成人民對科技發展上與科學政策的黑箱疑竇產生不信任，尤其是在事前

所憂慮的爭議性風險發生後，人民的信任將蕩然無存。[1] 此即所謂「缺失模型」（deficit model），對此類形式的詬病主要為顯現了科學家之於一般人位於權威性的關係，忽略了公眾的觀點及經驗，因而無法促使大眾的接受及信任。[2] 鑑於上述的原因，科學界逐漸將傳統的知識傳遞方式改變為「公眾科技參與」（Public Engagement with Science and Technology），將焦點從大眾被動地理解科學知識，轉變為直接參與科學與技術之核心領域。[3]

　　綜上所述，公眾參與本質上是使公眾透過參與該政策、立法或研究發展的過程，為一種雙向溝通的管道，憑藉互相溝通了解，使得專業領域的科學家、研究者能夠將知識無礙地傳遞給社會，並從社會的回饋中取得需要改善以及感受到公眾的擔憂所在，以期建構出公眾信任的基礎。

第二節　連接公眾參與和生物技術管制的渠道

　　公眾參與科學技術及科學技術管制形成的渠道，可以依照該管道之主體區分為，官方性以及非官方的，前者乃由國家所主導，藉著國家機關下所屬的組織，在其組織目的中添加了公眾參與的這一部分，或為立法意見多元化的一環，或為直接行使民主政治公民權利的一種方式；而後者，則大多由非營利的國際組織所發起，此類組織不但成為研究領域公眾參與的中堅份子，甚至在不少國際研討會均立有十足的影響地位，憑藉相當專業的國際組織發起的運動，串連全球的關注該議題的公眾，亦得將此類議題傳播更廣。此外，個人也是能夠成為公眾參與的主體，並非僅是其他組織所發起的運動的目標受眾，個人能夠在通訊媒體發達的今日，藉由其意見反映出社會其他人的想法，以此引發共鳴。

---

[1] 周桂田（2005），〈爭議性科技之風險溝通——以基因改造工程為思考點〉，《生物科技與法律研究通訊》，18 期，頁 42-50。

[2] Hans Peter Peters（著），謝惟敏（譯）（2020），〈科學傳播的範疇：是知識散播還是公民參與？〉（Science Communication: Knowledge Dissemination or Public Engagement?），《傳播研究與實踐》，第 10 卷，第 1 期，頁 6-9。

[3] 同前揭註 2。

總而言之，公眾參與是立法層面、科學層面以及社會大眾層面的相互交織，以使各個牽涉該議題的群眾均能夠有個平臺共享彼此的意見。以下本書將從上述不同角度切入，論述不同管道達到公眾參與的效果。

一、官方單位

國家有權制定法律以管制任何新興技術，在管制規範的形成及過程中，主要是以由上而下的管制方式，這其中有許多也包括了公眾能夠參與的部分。官方單位依照負責實施主體，又能區分為兩個不同取徑：立法決策方面以及研究單位。

由於法律規範能夠直接影響研究領域進行的容許性，法律所管之處與實務執行面是否完全重合，至關重要。倘若立法單位能在制定法律或決策確立之前，讓利害關係人參與該立法過程，得避免立法者因不熟悉該科學領域的技術而制定不當的立法，並且使得立法過程更為透明。以美國為例，在中國首次使用人體胚胎進行基因編輯時，即震撼到美國的立法部門。於 2015 年 6 月美國眾議院的科學、太空與技術委員會即召開了公聽會，廣邀諸多生物倫理學者及科學家們，議論美國有關基因編輯的立法走向。該公聽會之主要目的為審查新的基因編輯技術其倫理議題及風險、討論可能的應用，並且探討如何建立基因編輯技術的架構。[4] 在該公聽會過後，研擬結果直接導致了 2016 年撥款法案的生成，並限制使用聯邦經費進行基因編輯實驗。[5] 該參與模式即為典型的立法單位與科學界交流範例之一。而立法單位與社會群體之間的溝通的例子，如前述提及的中國 2019 年《生物醫學新技術臨床應用管理條例》，當局在草案期間即廣泛地向社會公眾徵求意見，以進一步提高立法品質。[6] 在立法制定前，以公開的

---

[4] The Science and Ethics of Genetically Engineered Human DNA: Hearing Before the Subcommittee on Research and Tech. of the H. Comm. on Science, Space, and Tech., 114th Cong. (2015) (hearing charter). Available at: https://www.govinfo.gov/content/pkg/CHRG-114hhrg97564/pdf/CHRG-114hhrg97564.pdf （最後瀏覽日 2020/5/10）

[5] 同第五章註 33。

[6] 同第五章註 102。

形式將草案之內容或立法之方向與公眾傳達，從過去經驗來說，能夠有效地減低事後需要修法的機會或範圍。並且因為立法過程的前置程序準備充足，得以聽取到大多數的學者、社會的聲音，使得條文的制定與實務操作更為契合且符合法規範完整性。

　　在全球研究管制方面，歐盟為因應新興科技如胚胎幹細胞、基因編輯等生物技術出現，提出一項稱為 Responsible Research and Innovation（RRI）的概念，其被定義為預期和評估對研究與創新的潛在影響和社會期望的方法，旨在促進包容性和可持續性的研究設計及創新設計。[7] RRI 的意旨乃為使公眾有機會以參與、協助決策的研擬並且參與互動。英國亦將該概念正式納入管制研究的規範架構內，英國官方提倡一種包含預期（anticipation）、反思（reflection）、參與（engagement）和行動（action）的方法，亦即預先分析影響、反思研究目的、動機及其不確定因素和社會影響，並且須透過公眾參與進行廣泛的討論，最後再利用上述過程來為決策。[8] 並且特別強調公眾參與應著重於該研究衍生的專利，由於一旦研究成果獲得了專利，在管制架構上即獲得一定的保障。如此一來，即使如何積極地促使展開公開對話所能取得的成效均有限。[9] 簡言之，RRI 的概念，比起被動的等待公眾參與顯得更為積極，由於倚賴研究者主動肩負起其實驗範圍內應負的責任，在事前先進行自我審查後，再尋求公眾的認同，以雙重審查的規範架構保證實驗是在低風險的狀態下所執行。

　　緊接著立法機關制定法規範之後，於進行個別研究審查時，也能夠適時地引入公眾參與程序。例如在英國進行實驗審查時，除了會有生物倫理或法律學者等專業人士代表，亦可能選任一些非專業領域的普通人為倫理審查委員會的

---

[7] Bruce, A., & Bruce, D. (2019). Genome Editing and Responsible Innovation, Can They Be Reconciled?. *Journal of Agricultural and Environmental Ethics*, 32(5-6), p.769-770.

[8] 同前揭註 7，p.772。

[9] Olivia Hamlyn. Responsible Research and Innovation in Gene Editing, UCL Hub for Responsible Research and Innovation Briefing Note, p.3.
Available at: https://blog.rri-tools.eu/documents/21503/103925/Genome+editing+RRI+brief.pdf/f7e24e5f-6ec2-4682-bcdb-a7446e5c7ed2 (最後瀏覽日 2020/5/11)

成員，[10] 共同參與實驗審查的過程。此外，改制前的 RAC 進行倫理審查，必須將審查過程透明化，如審查過程需要籌備公開的會議，並且須有提供時間予公眾評論，並且還能夠將會議記錄實況上網公開，[11] 提供有興趣的民眾自行瀏覽。雖然 RAC 僅為諮詢單位、非強制性審查，然而該審查意見仍有可能留作後續其他單位（如 FDA、IRB、IBC）作獨立審查時參考，因此於 RAC 審查階段，適當加入公眾參與能夠及時且多方面的反映公眾意見。

二、非官方單位

　　儘管前述提及一些官方單位主導的公眾參與行動，不過國家在基因編輯中的管制其實僅扮演了次要角色。法規範現實中存在於社會中，不過在監管體系中更為決定性的因素是科學的自我管理及科學家內在價值。[12] 由於研究者心中的價值乃與其實驗相互銜接，更會影響社會公眾的觀感。國家監管的效果雖然具有一定程度的強制力，然而因為國際主權問題，仍然僅能侷限在該國或該州之主權範圍內；相反地，從科學界自我監管的效果是全球性的，得透過同儕、期刊審查來排除特定不符合倫理原則、不遵守法規範的學者論文投稿。此外，更為實際地是，由國家主導的監管不如在科學領域深耕多年的學者來得迅速，由於政府對於新穎技術的不熟悉，因此意識到任何潛在性危害發展的能力可能會落後於科學自我監管。[13] 因為這些原因，科學家開始積極地在政府實施監管之前，開啟一系列的研討會，而這些跨國的全球性研討會則需要一個制度嚴謹且多元的組織所籌備。

1.國際組織

　　在此前提之下，國際組織便顯現出在建構全球基因編輯管制中佔有舉足輕

---

[10] 同前揭註 7，p.777。

[11] 同第二章註 2，p.169-170。

[12] Felt, U., & Fochler, M. (2008). The bottom-up meanings of the concept of public participation in science and technology. Science and public policy, 35(7), 495

[13] 同前揭註 12。

重的地位，由於其組成均為該領域的碩彥名儒，並且來自各國眾多專家學者在組織內討論時，其言談間均蘊含著其學識背景後的國家教育、法規範及倫理原則，在共識形成的過程便傳遞著該國所奉行的倫理立場。並且經過諸多學者協同研擬、辯論、激盪之下，所集結的共識，與在特定國家內所舉辦的研討會比起來更具備多元性、跨領域性，也較能夠代表其他聲音。

以往生物學家過於將討論範圍侷限於學術圈或有興趣的投資者，這對為了使研發結果能夠獲得最大收益的研究者而言，無可厚非。然而，這將使得外界對於生物技術的發展毫無理解，直到察覺時才意識到其發展過於迅速而感到恐慌。因此，有學者希望透過跨國性的研討會來聚集關注此該類議題的專家，以推進生物圈至公眾的眼界下，早期最為知名的研討會即為 1970 年代所舉辦的幾次 Asilomar 會議，該次會議使得公眾意識到生物性的危險何在，並期望透過該會議的眾多學者與會，共同探討應對生物風險控制的最合適方法。[14] 正因本次會議是由科學家自發主導，並成功地替重組 DNA 實驗的發展勾勒出明確的方向，使得本次會議成為科學自治的良好前例。[15] 到近期 2015 年及 2019 年兩次的國際人類基因體編輯峰會，均能對全球科學家所關心的過於空泛倫理爭議逐漸具體化，使得外界得以透過該研討會一齊對於有興趣的議題參與。

除此之外，國際組織的作用，不乏對於外界的社會大眾以及生物圈內的科學家的水平式討論，也能夠達到垂直式管制的功能。由於頗富名望的國際組織均會由該學術領域有所建樹的科學家參與，其不僅對於技術的原理、操作流程較為熟悉，亦對於此產生倫理議題感到關心。因而，在經過一系列國際研討會及內部悉心研擬之下，所推出的指導規範應該在一定程度上具備專業性，並且在將前述研討會所得出的結論、與會人士所提出的問答均納入指導規範的內容時，應有足夠反映公眾聲音的基礎。如附件一所示，國際組織透過聯合聲明傳達該立場，並藉由發布指導原則，以明確指出研究者倫理界線。

---

[14] Rufo, F., & Ficorilli, A. (2019). From Asilomar to Genome Editing: Research Ethics and Models of Decision. *NanoEthics*, 13(3), 225.

[15] 同前揭註 12。

2.企業

　　企業存在目的乃為了營利，與學術界及政府所關注的議題層次往往不同，但這並不表示企業不可能進行公眾參與。如在 2000 年，一些美國生物技術公司邀請了與基因改造作物有關的利害關係人參與一系列會議，幫助生技產業制定有關研發基因改造作物的倫理原則。其中不乏關注此議題的 NGO 團體，與代表宗教觀點的人士。[16] 儘管對於企業而言，要進行此類參與有一定程度的困難，如何確定公眾參與時間點？若討論結論完全推翻企業原先計劃，使得企業無法盈利，企業是否辜負股東的權利自負盈虧？[17] 不過對於企業而言，並非毫無益處，正因為事先理解公眾的想法，得以預防產品推出後因不受市場青睞，而導致計畫全盤失敗的風險。[18] 此外，商業應用上需要符合各項法規，對於企業而言，儘早予以公眾得知，利害關係人能夠替公眾檢視其產品的合法性，某種程度上亦是替企業背書。雖然對尚未普遍進行臨床試驗的生殖系基因編輯而言，進入臨床應用、甚至商業上仍言之過早。不過讓企業與公眾互利雙贏的模式，或許能將該模式拓展，應用於日後開發新興生物科技的公司中。

3.報章媒體

　　透過上述提及的參與方式，可能得以擴及全球的科學家、政策決策者、法律及倫理學家，甚至是吸引一些對此類領域有興趣的群體。然而誠如研討會的本質存在學術性，充其量僅能代表一些專業性的意見，要落實更廣泛的公眾參與便需要範圍更大的群眾參加，在此基礎上就需要委由社群媒體參與此一過程。[19]僅有當社群媒體關注到該議題，並且將其以媒體形式傳播出去才能使得更多不在學術圈內的人群得以接收到該知識；不過，由於媒體界的目的與科學界並不一致，並非所有媒體均係為了科學普及而進行知識傳遞，因此無法避免因為社群媒體為了奪取讀者目光以聳動的標題或杜撰的故事，曲解原本單純的技術。

---

[16] 同前揭註 7，p.778。

[17] 同前揭註 7，p.779。

[18] 同前揭註 7，p.780。

[19] 同前揭註 7，p.777。

[20]這點也被賀建奎意識到，於其論文中亦指出需要改善此現象。[21]

雖然，已經有許多線上的專業期刊與報紙有登載專門給普通人觀看的文章，這些文章是以平鋪直敘的文字書寫，較不因專業程度落差而影響到一般人閱讀。英文報章雜誌如 Nature 及 Science 等專業學術期刊設置新聞副刊供一般人瀏覽，在中國方面也有如中國科學報等較具有學術性質的報紙。[22] 然而，由於政治因素，在中國新聞自由不如歐美國家一般開放。因此，對於資訊的審查可能會影響資訊傳遞的開放性及接收資訊的群眾。

4.個人

上述均是以科學家對群眾或是立法者對於科學家的互動形式建構出的公眾參與模型。雖然，由科學家作為支點向外延伸的公眾參與具有專業性，並且從過往經驗來看頗有成效。不過，到頭來說，科學家終究不具有民意基礎，即便科學家們積極參與與公眾對話的過程，然而在對話中僅能反映出科學家所期待的價值觀。從在政治學上，不具民意基礎的意見沒辦法代表一整個國家的社會價值、政治立場或人民利益，相反地，他們的價值觀可能恰好會和其他領域的人有顯著差異，[23] 所以僅了解科學家的倫理意識並不能有效的反映其他民眾的心理。

要更能貼近人民心理的方式即是透過自身直接表達，故作為權利主體的個人理所當然能夠以自己為單位進行公眾參與。以個人為主體參與的形式可以分為消極與積極二種，消極的形式主要是透過前述公眾參與主體所主導的問卷調查，近期隨著人民對基因編輯的意識逐漸高漲，為了有效探求人民意向，對此建構基因編輯法意識及計畫將來法規範的體系，各國的研究單位均著手於調查人民對於基因編輯的看法。

在美國方面，一家由美國本土最大的新聞媒體美聯社（Associated Press）

---

[20] 同前揭註 7，p.776。

[21] 同第四章註 62。

[22] 同第五章註 44，p.32。

[23] Sarewitz, D. (2015). CRISPR: Science can't solve it. Nature, 522(7557), 413-414.

及芝加哥大學附屬的獨立研究單位共同組成的「AP-NORC」，融合了傳播專業以及科學知識領域的民調機構，其於 2018 年向美國本土約一千名民眾徵求對於基因編輯的意見。[24] 結果顯示，大多數民眾均對於基因編輯能夠治癒疾病表示贊成，無論其是否係對於致命的疾病以及是否會遺傳到下一代。另一間知名的民調機構皮尤研究中心（Pew Research Center）也對人民之於基因編輯的想法感到興趣，並長期地追蹤人民意向。根據該結果報告顯示，美國人對改變胎兒遺傳性狀的適當性，很大程度上取決於其預期目的。雖然絕大多數的人民均贊成在胚胎上進行基因編輯，以去除重大疾病或減少罹患該疾病的風險，不過卻對是否用來增強胎兒的智力仍持保留態度。除此之外，該研究亦發現在不同的背景下，關於基因編輯的傾向反映出不同的結果，如有無宗教信仰對基因編輯的接受存在很大差異。此外，在基因編輯的觀點上存在傳統上的性別差異，女性對基因編輯的接受程度低於男性，而具有更高科學知識水平或對基因編輯更加熟悉的人也往往容易接受該技術。[25] 該中心分別於 2014 年及 2016 年分別進行調查，雖然過往的群眾及問題並不一致，無法直接做比較。不過，單論統計上數據來說，在這幾次的民調有逐年傾向支持基因編輯治療疾病的趨向。由於人們的立場會隨著事件性質、充分理解或心態成長等原因而影響，因此若要有效的統計人民意向的話，仍需要長期持續、反覆性地進行調查，以確認經過一定時間後仍然抱持著一樣的信念。[26]

　　關注生物倫理的英國獨立研究機構 Nuffield Council on Bioethics 亦在 2017 年作出相關調查報告，[27] 該調查報告乃將各種倫理議題包裝成一系列的問題，

---

[24] NORC at the University of Chicago. Human Genetic Engineering. The Associated Press-NORC Center for Public Affairs Research. [online].
Available at: http://apnorc.org/projects/Pages/Human-GeneticEngineering.aspx. （最後瀏覽日：2020/5/19）

[25] Funk, C., & Hefferon, M. (2018). Public views of gene editing for babies depend on how it would be used. Washington, DC: Pew Research Center.

[26] 同前揭註 7，p.775-776。

[27] Nuffield Council on Bioethics (2017). Genome editing and human reproduction public survey December 2017. Available at: https://www.nuffieldbioethics.org/assets/pdfs/Summary-of-GEHR-public-survey-2018_for-web.pdf （最後瀏覽日：2020/5/19）

以漸進式地探求受試者的立場。報告結果顯示了在十六個問題中，受試者均對基因編輯胚胎顯示出為正向、積極地的態度，除了多數人都表態若該技術是安全的話，應該支持對無法正常生長的胎兒進行基因編輯，並且就該基因是否影響下一代這一命題，不論是認為能夠避免後代遭受該疾病困擾，抑或意識到可能會有倫理上問題，在該前提下多數人均同意仍應支持進行基因編輯。不過，即使同意該基因行為，普遍人們均表示需要以法律或專責機構進行監管。本報告比起美國皮尤研究中心所做的民調，不僅詢問對給定命題的是非題，亦在對以問題包裝的倫理爭議反映其價值觀，更透澈地探究該問題的核心。

　　在基因編輯嬰兒事件爆發前一個月，中國中山大學發表了《中國公眾對基因編輯技術的認知與態度研究報告》，[28] 該報告為中國首份基因編輯技術的民意調查。該報告將調查對象區分為普通民眾及愛滋病患，分別就同一問題詢問其對於基因編輯的態度。該調查結果發現，五成以上的民眾支持基因編輯技術的研發及應用，甚至希望由政府資助該技術發展。一般民眾與愛滋病患普遍均對於能夠使用基因編輯技術來預防或治療疾病。不過對於愛滋病患而言，或許是對於基因編輯技術的了解較為不足，又或者對於該技術的應用的展望較具期待、需求更為急切，尤其是在能夠以基因編輯技術根治自身疾病時，故此類群眾對於基因編輯的同意比例極高。另一方面，若從管制的取向來看，政府部門於中國人民眼中扮演著權威性角色，一般民眾對於政府機關作為管理基因編輯的主體抱持相當的信心。因此，在普及民眾的相關知識及促進公眾對話的方式得以交由政府部門，透過與政府出面與官方媒體共同合作傳播基因編輯技術之資訊，以達到公眾參與的過程；不過，愛滋病患的信任感存在於科學家上，由於科學家對於該技術的風險掌握能力比起政府來的高，因此就基因編輯技術的應用方向及管制應由科學家決定。與上述西方國家所做的民意調查相比之下，大多數中國人對該技術之應用均表現出支持的態度，可能原因是絕大多數中國人普遍沒有宗教信仰，因此側重於較為直接的健康效益。

---

[28] Chen, L., & Zhang, Z. (2018). Chinese public attitudes on gene editing. Guangzhou, Guangdong, China: Sun Yat-Sen University.

綜觀上述，雖然各國間對於問卷命題不一定相同、未必能夠在同樣前提下進行比較。不過，從該國的民意調查下能夠反映一定程度的人民意向、對基因編輯的知識程度以及實際應用的意願。在先前研究也指出，若是受試者為該疾病患者或其他利害關係者，與科學家的關注重點會有顯著落差。此外，個人的經濟狀況、宗教信仰及文化價值觀差異均會體現在其價值判斷上。[29] 尤其在不同的國情下，問卷調查的意見尚蘊含了學識背景、教育程度、種族、性別、生理病徵所反映出的立場歧異。這顯示公眾參與下所進行的民意調查能夠促進科學家或決策者了解更多元化人民意見，進而促使公眾與上述專業知識主體間的對話和進一步的研究。

除了上述以個人作為被動客體的問卷調查外，個人亦得主動參與公眾參與程序。在現代社交媒體迅速發展之下，傳統媒體如報紙、電視新聞的傳播速度，已經無法追上社群網站的一篇貼文被轉發的速度。在擁有資訊傳播工具的成本十分低廉、甚至近乎於零，人人均能成為自媒體，利用社群媒體發表自己的看法。以往僅停留在學術圈內艱深晦澀的倫理辯論，可能透過社群媒體以平易近人的形式傳播出去。人們也能透過 Facebook 加入網路成立的學術社團、接收科學期刊的粉絲團所提供的資訊，或者利用 Twitter 將所關注的議題以簡短的訊息推廣至朋友圈。簡單來說，社群媒體不僅作為提供知識和資訊的平臺，而且還能在該平臺上引發公眾討論。因此，在社交媒體是觀察用戶們的交流，將有助於科學家更瞭解該平臺對新興技術的關注為何。

第三節　為什麼基因編輯治理需要公眾參與的介入？

廣義的公眾參與除了可以包括，由上位者主導從上至下地將資訊推廣至大眾，並採納民眾意見之方式，亦得藉著從下而上的方式與公眾一同參與監管的過程，甚至是在相同知識水平間橫向地達到知識傳遞及引起公眾對話。雖然上

---

[29] Hollister, B. M., Gatter, M. C., Abdallah, K. E., Armsby, A. J., Buscetta, A. J., Byeon, Y. J. J., ... & Bonham, V. L. (2019). Perspectives of Sickle Cell Disease Stakeholders on Heritable Genome Editing. The CRISPR journal, 2(6), 445.

述提及許多種公眾參與方式，但總結來說，不外乎是以溝通、諮詢及參與等形式達到此一目的。[30] 溝通係為確保與決策相關的資訊有效地傳到於社會大眾，且不僅擴及有興趣的群體，甚至其他較不易接收該資訊的利害關係人亦該提供其溝通的管道；諮詢乃為接續前述的資訊傳達後，將其回饋的意見納入決策的一種公眾互動行為，並且得以藉著回饋的這些群體進而將資訊再拓展更外圍的公眾；參與則是種籠統的說法，其根本上即為透過上述兩者以外的方式達到交換彼此資訊的方式，透過公開對話或協商影響彼此價值立場。除此之外，提高利害關係人的關注亦對雙方有益，以計畫資助者這一角色來說，公眾得以藉由反映其立場而影響資助者投資意願，使得資助者更為了解其所贊助的研究計畫可能帶來的影響；另一方面，投資人為了獲利不可能反於多數民意而進行投資，是一種以經濟贊助的方式達到公眾參與的效果。

　　上述提及許多種公眾參與之方式，本質上的目的係為了促進公眾對話，並藉此改善基因編輯技術管制。綜觀上述之管道，從其改善的方向又可發生幾種效果。首先，公眾參與的結果得以改善監管、決策品質，而其在基因編輯管制中發揮的作用包括，公眾將系統性地考量所有可能的結果、衡量不確定性的問題，以及醫療、生物、社會風險與其利弊得失。甚至可能以外行人的觀點，跳出科學框架，提出科學家未必會考慮到的因素。並且在盡可能的確認所有潛在性結果後，提供予立法者多種管制選項，而非單純以往因為不能監管，所以選擇全面禁止的主張；其次，公眾參與能夠帶來的效果係該技術實施的合法性，透過所有利害關係人均表態且實際參與，除該過程的透明度毋庸置疑外，其能夠成功進行便是奠基於所有人均認同且認為是公平的前提之上。因此，公眾參與的過程直接或間接地嵌入了社會價值觀，進而在此基礎又與立法者所制定的法規範相互呼應。[31] 舉例來說，儘管大多數人均支持基因編輯，然而在是否得以用於基因增強等非必要性醫療用途，仍可能因為宗教信仰等因素的影響而搖擺不定。由於公眾參與的加入能夠擴大討論，使得基因治療和基因增強的辯論

---

[30]　同第二章註 2，p.167。

[31]　同第二章註 2，p.166-167。

或者疾病與殘疾的區分，能夠在原先模糊的定義中越辯越明。[32]

　　儘管公眾有辦法在上述多種方式參與基因編輯之討論，然而現存的制度下仍然有許多缺失。以研究機構為例，雖然美國提供有限度的參與有關基因編輯研究的審查，不過由於會得知該資訊且前去參與的人，本身就是有留心於該領域的利害相關人或生物倫理學者。以當前形勢，RAC 缺乏公眾參與研究的學者，因此未能有效尋求對目前問題感興趣的一般群眾的意見或對話，更何況這些人更應該被視為「公眾」。[33]

　　而在研討會形式的公眾參與也一樣潛藏著缺陷。理想情況中研討會是公開的，開放給所有有興趣的人參加，但在實際情形是公開研討會的出席率低且具有高度選擇性，[34] 由於學術研討會的內容終究屬枯燥乏味，即便出席也未必會反應其意見，而受到邀請的來賓也不一定能夠前來，或者想要參與的來賓未必會收到邀請；而外在限制則體現在會議主辦方上，即使主辦單位試圖藉由謹慎地調節對話並控制參與者所接觸的資訊環境，盡量減少由於參與者的人數、認知或性格而導致的對話地位不平等。不過，正因如此，在該研討會上所能觸及的觀眾，他們的立場可能會因為受到主導而與現實世界中的討論大不相同。[35] 由於研討會形式的公眾參與的意旨在促成科學家與人民的真正意義上的對話，但鑑於科學家已經被社會定位成專業領域的角色，除了提供參與的觀眾專業知識外，似乎不能兼及公眾此一角色定位。由此一來，科學家在研討會上的功用，大多數是在提供提問者答案，而非共同參與此一過程。[36] 除此之外，有研究指出，[37] 一般人若同時接收多種觀點的辯論，可能會導致其混亂而不能明確了解

---

[32] Scheufele, D. A., Xenos, M. A., Howell, E. L., Rose, K. M., Brossard, D., & Hardy, B. W. (2017). U.S. attitudes on human genome editing. *Science*, 357(6351), 553–554.

[33] 同第二章註 2，p.171。

[34] Scheufele, D.A. (2011) Modern citizenship or policy dead end? Evaluating the need for public participation in science policy making, and why public meetings may not be the answer. Paper #R-34, Joan Shorenstein Center on the Press, Politics and Public Policy Research Paper Series, p.17-19.

[35] 同前揭註 34，p.20。

[36] 同前揭註 12，p.492。

[37] Mutz, D. C. (2002). The consequences of cross-cutting networks for political participation. *American Journal*

問題核心，進而對參與的過程退卻。故在這些重重障礙的影響下，著實會減損以研討會作為公眾參與的效果。並且從歷史角度來，從前的 Asilomar 會議亦需要歷經數十年才能對重組 DNA 的研發、管制建立所謂的共識。[38] 更不用說，今日所討論的是影響到數個世代生殖系的基因編輯技術，理應是需要更長時間且廣度更宏觀的對話。同樣地，以個人為主體的公眾參與是否也會有所限制？舉例來說，民意調查由於隨機性，能夠拓及最廣泛的群眾、並且不受到知識程度選擇限制的。儘管其功能性強大且不亦受到科學家言論主導，應該最可能反映民眾真實的意見。然而，這些答案也未必是受試者的經過審慎思考所做的選擇，有可能受制於既有的答案選項或給定的情境所影響判斷。所以，為了避免偏見影響，研究者往往會特意設計問卷，避免落入框架效應或情境預設立場的窠臼。然而，關於技術、倫理及社會議題的爭議的資訊，才應該是最符合真實情況的命題，在該前提之下得到的問卷答案才應該最有用，這番矛盾的預設立場，即凸顯了以民意調查作為倫理決策的侷限性。[39]

　　縱然，上述點出一些公眾參與管道的缺失有待解決，不過現行的公眾參與途徑確實為公眾對基因編輯的理解增加不少，尤其在科學家殫精竭慮地奔波以及政府逐漸開放民眾參與決策的態度來看，公眾確實對於基因編輯的參與有逐步增加的趨勢。尤其是在，基因編輯嬰兒事件之後，報章雜誌推波助瀾下，社群媒體也對該 CRISPR 技術以及其倫理爭議、法律議題和社會影響均有顯著提升。以美國人常用的社群網站 Twitter 為例，在該事件前後，對於「CRISPR」、「gene-editing」的搜尋次數產生爆炸性的成長。[40] 由此可見，公眾除了可以透過 Twitter 轉發訊息（tweet），研究者亦能夠藉由搜尋關鍵字了解公眾對什麼感

---

of Political Science, 46 (4), p.838-855.

[38] Jasanoff, S., Hurlbut, J. B., & Saha, K. (2015). CRISPR democracy: Gene editing and the need for inclusive deliberation. *Issues in Science and Technology*, 32(1), p.42.

[39] Halpern, J., O'Hara, S. E., Doxzen, K. W., Witkowsky, L. B., & Owen, A. L. (2019). Societal and Ethical Impacts of Germline Genome Editing: How Can We Secure Human Rights?. *The CRISPR journal*, 2(5), 294.

[40] Calabrese, C., Ding, J., Millam, B., & Barnett, G. A. (2019). The Uproar Over Gene-Edited Babies: A Semantic Network Analysis of CRISPR on Twitter. Environmental Communication, 6-10.

到興趣，這現象表明 Twitter 確實能夠成為分享知識的平臺。[41] 而 CRISPR 的相關資訊在 Twitter 上流通，可以為科學家呈現問題的不同觀點及面向，這將有助於更好地解決這些技術的問題和顧慮。

　　猶如第二章節所述，CRISPR 確實是一項難以拒絕的基因編輯技術，其便捷、準確且便宜的優點，使得科學家無法抵抗它所能帶來的科學前景。然而，在一片美好的想像中，總有人會洞燭先機窺探出其中的破綻。那麼此時應該提出的解決方法為何？有學者提出應該以法律監管違法的研究行為，也有人主張應該以倫理共識給予圖謀不軌的研究者壓力。總的來說，這些都是以民主的方式杜絕不能被大多數人所接受的行為，那麼要進行民主決策時，公眾參與便是不可或缺的程序。在上位者作決策前，僅有在聽取不同意見下，才有助於建立一個透明的公眾溝通渠道。[42] 而公眾參與之方式除了傳統立法者與科學家為主體向社會諮詢意見、傳遞科學知識外，多虧了新媒體的發展，民眾亦得作為主體發聲，以個人當作參與主體向上述之一方表達自己的立場。

　　在回首檢視當前的公眾參與模式是否妥適之前，我們需要先判定誰是所謂的「公眾」？而這些公眾又應該以何種形式「參與」？在這些定義未經過明確定義下之前，很難認定我們現在所為的公眾參與模式是足夠妥當的。並且，國際組織普遍缺乏在公眾參與研究的長才，多由科學家或倫理學家組成，因而未必有能力充分地將對此感興趣的一般群眾意見納入決策範圍，或者適當地與公眾產生平等地對話。導致我們很難認定我們所採納的那群人的意見，能夠完全代表大多數人的意見，或者在自己認為的公眾參與過程中是否有讓公眾實際地參與。因此，本書認為，在討論基因編輯的管制架構下公眾參與此一範疇時，應該適時地將公眾傳播的學者亦納入整個規範架構之中，僅有透過傳媒專業的學者作為媒介，連接科學家以及所觸及的群眾，才能稱之為公眾參與。

---

[41] 同前揭註 40，p.10-11。

[42] 同前揭註 39。

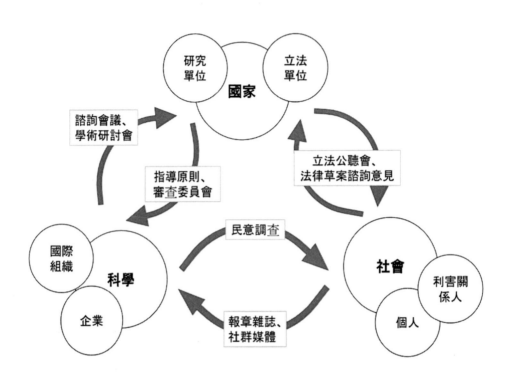

圖九：公眾參與 —— 於國家、科學、社會中互動之模式。(筆者自製)

　　總而言之，談論到基因編輯之管制時確實需要公眾參與的加入，以使得科學家、決策者獲得更為全面的資訊。而且對於基因編輯的人民意識不僅影響著政府立法決策，也會間接地促進或者抑制科學家的研究動機。從中國本次的基因編輯事件可以得知，除了國家在經濟上對學術研究支持之外，多數普遍民意均贊成該技術於臨床應用即發揮了催化的作用。[43] 因此，在當局者及科學家均有意改善現行的基因編輯管制架構下，若不讓公眾參與此一過程、聽取大眾意見，便容易忽視社會所期盼的價值，僅是閉門造車。在此前提下所擬定的管制架構，除了無法被公眾信任外，也截去了公眾溝通與科技溝通的管道。[44]

---

[43] G. Owen Schaefer (2016). China may be the future of genetic enhancement. BBC Future.
　　Available at: https://www.bbc.com/future/article/20160804-china-may-be-the-future-of-genetic-enhancement
　　（最後瀏覽日：2020/5/22）

[44] 同前揭註1，頁48。

第七章　結論

第一節　臺灣基因編輯規範之現狀

　　儘管醫學的發展可追溯到古希臘時期即開始萌芽，現代倫理學亦於十八世紀起興盛，不過這時倫理學所關心的議題仍停留在宗教、哲學思考等形而上學的抽象概念，直至第二次世界大戰後發展出後現代倫理學才對其他領域有了更進一步的實際應用。[1] 由於戰爭時種種殘絕人寰的惡行於戰後一一被揭露，人類開始對此類不道德的人體臨床試驗進行反思，使得人權保障的相關議題逐漸受到重視，這便直接地導致了之後紐倫堡宣言與赫爾辛基宣言的誕生。[2] 醫學倫理為生物倫理下更為專業的倫理學領域，在醫學技術所帶來的倫理風險外，純粹的生物技術也存在著值得深思的倫理爭議，尤其在美國的「人類基因體計畫」（Human Genome Project, HGP）於 2005 年完成既定目標後，基因科技正式進入所謂的「後基因體時代」。與此同時，涉及基因的倫理、法律、社會影響（Ethical, Legal and Social Implications, ELSI）的討論亦在後基因體時代掀起浪潮，[3] 將臨床醫學、生殖科技及基因研究等相關的應用倫理議題，伴隨著生物技術的革新，開啟新一輪的辯論。

　　放眼全球，美國在約 1970 年代即開啟了生物倫理的思辨[4]；英國亦在 1990 年即制定專門管轄胚胎研究的監管單位，儘管中國在這波生物倫理思潮的反應

---

[1]　范瑞平（1997），〈後現代應用倫理學──以生命倫理為例〉，《應用倫理研究通訊》，第 3 期，頁 1-3。

[2]　時國銘（2001），〈人體試驗之國際倫理規範：歷史的考察〉，《應用倫理研究通訊》，第 19 期，頁 12-21。

[3]　何建志、郭蕙寧（2008），〈美國 ELSI 研究之新興發展〉，《法律與生命科學》，第 5 期，頁 1-7。

[4]　Callahan, D. (1993). Why America accepted bioethics. *The Hastings Center Report*, 23(6), S8-S9.

較緩慢，不過亦在基因編輯嬰兒事件後對生物倫理意識的加強展現出積極的態度，以此改善國際形象。那麼作為近年來嘗試發展生技產業的臺灣，在國際生物倫理的競相發展之際，我國學界就生物倫理的意識是否與時俱進？論我國生物倫理之啟蒙約莫是在 1990 年代時起，起因於由國家政府主導之下替生技產業重新定位而推出的「加強生物技術產業推動方案」，以經濟、政策、法規層面推廣我國生技產業蓬勃發展。[5] 由於生物技術的迅速拓展，連帶促使學者思忖到技術背後的倫理議題。待汲取外國經驗的學者歸國後，為臺灣開創生物倫理的視野，才逐漸引起醫學專業學者及社會重視，將外國所累積的倫理素養移植回臺灣。[6] 為了與國際倫理規範接軌以及貫徹生命倫理的原則，我國政府制定以及修正一系列的法規範以因應快速發展的人體臨床試驗領域。鳥瞰我國有關醫療倫理之法規範，從 1980 年代所制定的《醫療法》及《優生保健法》，到 2002 年後公佈《基因治療人體試驗申請與操作規範》、《體細胞治療人體試驗申請與操作規範》、《醫療機構人體試驗委員會組織及作業基準》與 2007 年公告之《人體研究倫理政策指引》等與人體臨床試驗相關的法規範，[7] 立法動機與內容均深受到外國醫療倫理之影響，而訂定了臨床實務中病患權益的保障及臨床試驗的審查措施等，諸如此類的規範乃為了落實國際共識所承認的醫療倫理原則。而在有關基因、胚胎的基礎研究方面，不僅涉及生物倫理、尚涉及研究倫理的相關規定，與此相關的法規範，如 2007 年的《人類胚胎及胚胎幹細胞研究倫理政策指引》，將胚胎研究的來源、用途及審查方式作概略式的規定，以表示我國對於胚胎實驗的立場。以及 2010 通過首次將人體組織及基因資訊共同納入管制範圍的《人體生物資料庫管理條例》，對於人類組織之檢體和基因資訊的應用予以針對性地規範，將個人的自主權、倫理審查之審查基準以及

5　孫智麗（2003），〈建構知識經濟運作之創新系統：臺灣生物技術產業發展現況與策略〉，二版，臺北：臺灣經濟研究院。載於：http://www.biotaiwan.org.tw/download/aboutchief2/%E5%8F%B0%E7%81%A3%E7%94%9F%E6%8A%80%E7%94%A2%E6%A5%AD%E7%8F%BE%E6%B3%81%E8%88%87%E5%89%B5%E6%96%B0%E7%AD%96%E7%95%A5.pdf （最後瀏覽日 2020/6/1）

6　蔡甫昌、李明濱（2002），〈當代生命倫理學〉，《醫學教育》，6 卷 4 期，頁 381-395。

7　蔡篤堅（2007），〈臺灣生命倫理學發展的困境與挑戰〉，《應用倫理研究通訊》，第 41 期，頁 21。

法律效力規範作出明確規定。[8]

　　新興的法規範建置初期出現研究與監管的齟齬仍在所難免，如中研院所執行的臺灣人體生物資料庫計畫，即受到醫學研究倫理委員會與資料庫執行方的相互指責批鬥。[9] 由於科學家認為社會學者紛紛干擾科學進步、社會學者則批評科學家恣意妄為而不顧社會影響。因此，產生出一種兼具科學及社會觀點的研究取徑，以科技與社會（Science, Technology, and Society, STS）為研究方法的學者認為，科技的發展與文化的演進是動態且相互交織的過程，希望破除傳統上科學與社會時起勃谿的既定印象，強調科學所產出的知識其實早已被寫在社會的代碼中，藉由社會實踐、認同、習俗等規範性社會價值判斷所具體化；與此同時，科學知識也同時藉由研究產出而嵌入社會制度中，廣泛地影響各種社會運作。[10] 簡言之，科學與社會並非截然二分的兩種學科，在某種程度上形成相輔相成的互動關係，也在此共築了一個跨領域研究空間。在存在高度倫理爭議性的科學技術之下，各個國家都嘗試訂定一套兼容並蓄的規範標準，有訴諸於法律規定禁錮研究，有的則是以倫理原則設下柔性的桎梏。我國明顯是傾向於將倫理規範具體化成為上述所提及的法規範，將倫理思想透過學者與立法者之溝通後灌輸至立法系統內，以法律監管基因編輯技術。按蔡甫昌教授之文章結論，可以推知未能確定安全性的前提而用於生殖系基因強化會違背我國對於研究倫理之要求，因此我國法令嚴行禁止。[11] 然而，我國在法規範監管方面，僅以分散的行政命令作為規範基因編輯的主要方法，缺乏一個主要監管基因編輯技術的專法。雖然未必需要將所有限制權利的行為均訴諸於較高位階的「法

---

[8] 范建得、廖嘉成（2010），〈人體生物資料庫管理條例評釋〉，《月旦法學雜誌》，第 180 期，頁 207-219。

[9] 劉宏恩（2019），〈精準醫療的新瓶與舊酒：大型人體生物資料庫的國際發展脈絡、爭議與國際倫理規範〉，《臺灣的後基因體時代：新科技的典範轉移與挑戰》，蔡友月、潘美玲、陳宗文主編，頁 267-268，新竹：國立交通大學出版社。

[10] 蔡友月（2019），〈潘朵拉的盒子解碼後：基因科技與倫理、法律和社會的交纏共構〉，《臺灣的後基因體時代：新科技的典範轉移與挑戰》，蔡友月、潘美玲、陳宗文主編，頁 18-19，新竹：國立交通大學出版社。

[11] 同第三章註 75。

律」，不過基因編輯技術的監管問題已經迫在眉睫，若是依照現有無法律效果的行政命令作為警示性的規範，唯恐效果不彰。先前所制定規範是否助於化解當前爭議，須考究其制定過程是否經過多元且廣泛的公眾對話，更何況該技術在實施後有可能影響其餘的公眾、甚至及於後代人類族群，同時在生物族群、家庭關係及社會心理風險等方面造成的多方衝擊的可能。此外，若研究者沒有針對基因研究實質說明研究的社會心理風險，實驗同意書往往流於形式，無法確切的保障受試者的權益；儘管依照相關法律規定，要求實驗流程需要由倫理審查委員進行審查，然而實驗審查方式不夠公開透明、內容不為外人所知，[12]並且審查的原則也僅有指導規範概括性的指引。雖然實驗審查須有賴於審查委員的高度專業性，最終決策如何亦屬於委員會自己的判斷餘地，不過如此一來將難以有效地建立外界信心。因此，為了讓社會大眾能夠踏實地接受該項基因技術，甚至將來有望能夠解決安全性問題推廣至臨床應用，便極須要有賴於公眾參與而獲得全面性多元的意見，廣納社會中帶有歷史文化、宗教色彩及政治意識的聲音，重新反思當今基因編輯管制之妥適性，並找出全面規範的解決方法。甚至，更為直觀的考量是，公眾參與之目的乃尋找出現階段科學與倫理競爭下的權宜措施。在依當今科學準則無法精確定義出「基因治療或基因增強」及「醫療行為或研究行為」的前提下，透過公眾意識加以形塑出漸再明確的倫理模樣，以對基因編輯技術的應用作出相應的規範。

我國並非未意識到此問題，在 2018 年公布了《再生醫療製劑管理條例草案》[13]、2020 年《人類基因治療製劑臨床試驗基準草案》、《特定醫療技術檢查檢驗醫療儀器施行或使用管理辦法草案》均係以再生醫療製劑及細胞治療等醫療技術為主要管制對象。由於再生醫療的產品除了涉及人體細胞、組織外；基因編輯技術也在再生醫療的範疇內。然而，綜觀草案內容像是在管制細胞治療、體細胞基因編輯等技術，並未有將胚胎研究、生殖系基因編輯技術等可遺

---

[12] 楊秀儀（2012），〈後基因體年代之生醫研究倫理及法制：從個人自主到專業盡責〉，《人文與社會科學簡訊》，13 卷 4 期，頁 53-61。

[13] 行政院（2018），行政院會通過「再生醫療製劑管理條例」草案。載於：https://www.ey.gov.tw/Page/9277F759E41CCD91/a602e0f5-ee02-40cb-a955-25e31c4c4cc5 （最後瀏覽日：2020/6/7）

傳性基因編輯行為納入監管範疇。筆者推測，可能的原因係比照美國之作法，國家立場消極地反應在立法程序上，以不作為達到禁止該技術發展的方法。美國管制生殖系基因編輯之方式，除了在國會方面以預算限制、要求 FDA 禁止頒發許可外，並未直接以法律的形式禁止生殖系基因編輯行為。

若要討論生殖系基因編輯的相關實驗，與此最為相關的是在 2011 年制定的《人體研究法》，該法係以保障人體研究之研究對象權益為目的。依第四條之定義，人體研究包括了運用如人體（包括胎兒及屍體）之器官、組織、細胞、體液或經實驗操作產生之衍生物質，所進行調查、分析的相關研究。在該定義下，使用人類胚胎進行基因編輯或者進行編輯過後的生殖細胞均在該法所規範的範疇內。再按同法第三條及第五條之規定，人體研究實驗前應經倫理審查委員會（IRB）審查通過，並且依照不同實驗風險，再交由作為主管機關的衛生福利部核可。而所謂不同實驗風險係指基礎與臨床之不同的實驗階段，當進行涉及到人體試驗的臨床研究或者人體試驗過程會實施人工生殖程序的話，依照《人工生殖法》第 17 條以及《醫療法》第 8 條、第 78 條，須要報請中央主管機關核准。由此可知，依當前人體研究法的倫理架構，於進行生殖系基因編輯之試驗時，應由 IRB 監管研究者、機構對該 IRB 進行必要之監督，再經由衛福部之核可。從法規範之組成與管制架構來看，看似與中國及美國之方式略同，為分散式的法規範及多階段監管模式。雖然分散於各階段不同單位的審查方式能夠有效分散審查瑕疵的風險，但也增加了審查成本且造成不同單位的溝通、認知上有異而給出相異的結論，對照之下，英國之管制架構，乃以積極形式設置管制生殖系研究的 HFEA 作為作為執行 HFEAct 及管制胚胎研究的主管機關，如此集中且單一的審查單位有助於幫助緩解分散監管之困擾，況且即便由中央作為審查最後決定單位，不代表在研究單位內部的倫理審查委員會全然失效。

第二節　現階段管制架構所提出之建議

在縱觀英、美、中三國的人體生殖系基因編輯管制方式，衡酌優劣分析後，本書粗略地對我國現階段之監管架構提出幾點建議，作為未來欲進行嚴密規範

基因編輯時可資參考：

1. 著手草擬基因編輯技術專法
2. 設立基因編輯及胚胎研究之獨立審查單位
3. 提升生物技術管制之公眾參與

　　縱然現階段的規範尚無礙於管制生殖系基因編輯實驗，然而以「指引」、「規範」之類行政命令的管理方式仍然存在許多漏洞，除了未規範違法的法律效果外，《人體研究法》對於違反的懲處規定威嚇力道亦不足，尚存在管制標的及界定實驗的定性均無法有效涵蓋等諸如此類的問題，實在需要將分散的法規命令加以統整，以一明確的專法予以規範；在管制單位方面，我國在人體試驗方面由衛福部及研究單位的倫理審查委員會所掌管，且委員會組成需有法律及社會學者之要求，與英國之管制架構類似。然而，我國當前並未因人類生殖系基因編輯實驗而引起爭議，若比照英國以專法並委由專責機構之方式對於現階段我國的管制架構而言過為慎重，且有可能增加額外之行政成本。不過，若將來為了因應基因編輯技術之發展，及反映我國於國際倫理共識之立場，而需要更改現在的管制架構，本書建議應該比照英國之方式制定專法，同時建置一獨立的基因編輯研究審查單位，依該專法共同監管體細胞及生殖細胞之基礎與臨床之基因編輯實驗，並以核發許可的方式監管生殖系基因編輯之實驗，蓋依各國之歷史經驗，以事前積極監管介入實驗之審查方式，能夠有效制止不當實驗發生。並且，中國在此事件後亦積極草擬新法以杜絕不適當的實驗發生，故在現行法規範不盡周全之下，有為新興生物技術特製出一套專屬的法律的必要。此外，除了法規範與監管單位，為了採納更為多元的意見，應在該組織下配置公眾參與的學者，有鑑於資訊媒體的發展，科學專業與一般知識的分界線逐漸消失，過往僅停留在科學界的知識會隨著立法、商業等方式走入人們的生活裡，人們亦對於其所接觸的新知有了解的需求與必要，因此，公眾參與學者於此處所發揮之作用，便是以其專業將過於學術性的審查內容、技術成分及所生影響，以淺顯之方式進行公開討論並獲取公眾之意見，適時地提供公眾與業界、科學

圈以及國家一個多向相互溝通的橋樑，在此決策者既能聽取公眾聲音，又能確保公眾所獲得的是正確知識。

　　然而，即使最終達到了國際倫理共識標準，我國法規範亦作出完善的基因編輯管制架構予以應對，若要完全根除違法人士的野心，實屬困難。只能勉勵研究者謹守科學家的本分，履行基因研究所應負擔的義務，而不是質疑心懷疑惑的大眾，並尋求一個有效的方式獲取大眾的信任，若非如此，再嚴厲的監管架構均難以有效達到規範目的。這樣一來，我們原以為 CRISPR 是普羅米修斯向天神竊取能夠照亮人類的聖火，恐怕是造物主在懲戒人類的潘朵拉之盒。

參考資料

一、中文文獻

（一）書籍

蔡友月、潘美玲、陳宗文（編）（2019）。《臺灣的後基因體時代：新科技的典範轉移與挑戰》，初版。新竹：國立交通大學出版社。

（二）期刊論文

Hans Peter Peters（著），謝惟敏（譯）（2020）。〈科學傳播的範疇：是知識散播還是公民參與？〉（Science Communication: Knowledge Dissemination or Public Engagement?），《傳播研究與實踐》，第 10 卷，第 1 期，頁 1-18。

范瑞平（1997）。〈後現代應用倫理學──以生命倫理為例〉，《應用倫理研究通訊》，第 3 期，頁 1-3。

范建得、廖嘉成（2010）。〈人體生物資料庫管理條例評釋〉，《月旦法學雜誌》，第 180 期，頁 207-219。

唐偉華（2019）。〈對作為經驗的歐美人類種系基因編輯立法的省思〉，《科學與社會》，9(4)，頁 57-72。

劉瑞爽（2019）。〈基因編輯嬰兒事件相關法律問題探析〉，《醫學與哲學》，第 40 卷，第 2 期，總第 613 期，頁 21-27。

何建志、郭蕙寧（2008）。〈美國 ELSI 研究之新興發展〉，《法律與生命科學》，第 5 期，頁 1-7。

周桂田（2005）。〈爭議性科技之風險溝通──以基因改造工程為思考點〉，

《生物科技與法律研究通訊》，第 18 期，頁 42-50。

趙欽軍，韓忠朝（2016）。〈基因編輯技術的發展前景及倫理與監管問題探討〉，《科學與社會》，6(3)，頁 1-11。

時國銘（2001）。〈人體試驗之國際倫理規範：歷史的考察〉，《應用倫理研究通訊》，第 19 期，頁 12-21。

鄭戈（2019）。〈邁向生命憲制——法律如何回應基因編輯技術應用中的風險〉，《法商研究》，36 卷，第 02 期，頁 1-15。

崔建洲, 林秀金, 沈漢明（2018）。〈基因編輯技術(CRISPR-Cas9)在醫學領域的應用及其相關倫理問題思考〉，《中國現代應用藥學》，35(12)，頁 1755-1760。

蔡篤堅（2007）。〈臺灣生命倫理學發展的困境與挑戰〉，《應用倫理研究通訊》，第 41 期，頁 21。

蔡甫昌、李明濱（2002）。〈當代生命倫理學〉，《醫學教育》，6 卷 4 期，頁 381-395。

蔡甫昌、莊宇真、賴品妤（2019）。〈生殖系基因編輯之倫理法律分析：以中國基因編輯嬰兒為例〉，《臺灣醫學》，23 卷 2 期，頁 133-153。

楊秀儀（2012）。〈後基因體年代之生醫研究倫理及法制：從個人自主到專業盡責〉，《人文與社會科學簡訊》，第 13 卷第 4 期，頁 53-61。

余秋莉（2020）。〈論人體生殖系基因編輯行為的刑法應對——兼評賀建奎「基因編輯嬰兒」案〉，《法律適用》，第 4 期，頁 22-33。

（三）碩博士論文

郭良基（2006）。《以知情同意為核心——探討醫學倫理與法律實務》，頁 18，國立清華大學科技法律研究所碩士論文。

洪敏瑜（2009）。《醫學研究中告知後同意之法律意涵》，頁 26-27，國立清華大學科技法律研究所碩士論文。

（四）網路文獻

300 餘位學者聯名：十問賀建奎。載於：http://m.zhishifenzi.com/depth/depth/4711.html?from=singlemessage&isappinstalled=0&fbclid=IwAR0fSEmg40viRVYdMjjy3QqV_q6A4mDWbTRBTT8u1bIFycbz8bR-TzgkKn0

基因編輯：賀建奎香港基因學術峰會問答實錄。BBC News。2018 年 11 月 28 日。載於：https://www.bbc.com/zhongwen/trad/chinese-news-46367524

許祺安（2018.11.29）。《【觀察】賀建奎基因改造嬰兒或釀人類災難　誰該負責？》。載於：https://www.hk01.com/%E8%AD%B0%E4%BA%8B%E5%BB%B3/265093/%E8%A7%80%E5%AF%9F-%E8%B3%80%E5%BB%BA%E5%A5%8E%E5%9F%BA%E5%9B%A0%E6%94%B9%E9%80%A0%E5%AC%B0%E5%85%92%E6%88%96%E9%87%80%E4%BA%BA%E9%A1%9E%E7%81%BD%E9%9B%A3-%E8%AA%B0%E8%A9%B2%E8%B2%A0%E8%B2%AC

孫智麗（2003），〈建構知識經濟運作之創新系統：臺灣生物技術產業發展現況與策略〉，二版，臺北：臺灣經濟研究院。參照：http://www.biotaiwan.org.tw/download/aboutchief2/%E5%8F%B0%E7%81%A3%E7%94%9F%E6%8A%80%E7%94%A2%E6%A5%AD%E7%8F%BE%E6%B3%81%E8%88%87%E5%89%B5%E6%96%B0%E7%AD%96%E7%95%A5.pdf

二、外文文獻

（一）書籍及電子書

Baylis, F. (2019). Altered Inheritance: CRISPR and the ethics of human genome editing, Cambridge, Massachusetts: Harvard University Press.

Habermas, J. (2003). The future of human nature. Polity: Cambridge.

National Academies of Sciences, Engineering, and Medicine. (2015). International Summit on Human Gene Editing: A Global Discussion. Washington, DC: The National Academies Press.

National Academies of Sciences, Engineering, and Medicine, et al. (2017) Human Genome Editing: Science, Ethics, and Governance, Washington, DC: The National Academies Press.

Nuffield Council on Bioethics (2017) Human embryo culture, discussions concerning the statutory time limit for maintaining human embryo in culture in the light of some recent scientific developments.

Nuffield Council on Bioethics. (2018) Genome Editing and Human Reproduction: Social and Ethical Issues. London: Nuffield Council on Bioethics.

Taupitz, J. (2020). Rechtliche Aspekte der Genom-Editierung an der menschlichen Keimbahn: a comparative legal Study. Springer, Berlin, Heidelberg

（二）期刊論文

Alkhatib, G. (2009). The biology of CCR5 and CXCR4. *Current Opinion in HIV and AIDS*, 4(2), 96–103.

Alkhatib G, Berger EA. HIV coreceptors: from discovery and designation to new paradigms and promise. *European Journal of Medical Research*. 2007;12(9):375–384.

Augusto Enrico Semprini, Maurizio Macaluso, Lital Hollander, Alessandra Vucetich, Ann Duerr, Gil Mor, Marina Ravizza, Denise J. Jamieson (2013). Safe conception for HIV-discordant couples: insemination with processed semen from the HIV-infected partner. *American Journal of Obstetrics and Gynecology*, 208(5), 402, e1-e9.

Alkhatib G, Berger EA. (2017) HIV coreceptors: from discovery and designation to new paradigms and promise. *European Journal of Medical Research*, 12(9), 375–384.

Baltimore, D., Berg, P., Botchan, M., Carroll, D., Charo, R. A., Church, G., ... & Greely, H. T. (2015). A prudent path forward for genomic engineering and germline gene modification. *Science* 348, 36–38.

Barnett, S. (2017). Regulating human germline modification in light of CRISPR. *University of Richmond Law Review*, 51(2), 553-592.

Berger, E.A., Murphy, P.M., Farber, J.M. (1999) Chemokine receptors as HIV-1 coreceptors: roles in viral entry, tropism, and disease. *Annual Review of Immunology*, 17, 657-700.

Bennett, R. (2009). The fallacy of the principle of procreative beneficence. Bioethics, 23(5), 265-273.

Bitinaite, J., Wah, D. A., Aggarwal, A. K., & Schildkraut, I. (1998). FokI dimerization is required for DNA cleavage. Proceedings of the national academy of sciences, 95(18), 10570-10575.

Boggio, A., Knoppers, B. M., Almqvist, J., & Romano, C. P. (2019). The human right to science and the regulation of human germline engineering. The CRISPR Journal, 2(3), 134-142.

Brouns, S. J. J., Jore, M. M., Lundgren, M., Westra, E. R., Slijkhuis, R. J. H., Snijders, A. P. L., … van der Oost, J. (2008). Small CRISPR RNAs Guide Antiviral Defense in Prokaryotes. *Science*, 321(5891), 960–964.

Bruce, A., & Bruce, D. (2019). Genome Editing and Responsible Innovation, Can They Be Reconciled?. *Journal of Agricultural and Environmental Ethics*, 32(5-6), 769-788.

Callahan D. (1993). Why America accepted bioethics. The Hastings Center Report, 23(6): S8-S9.

Carolyn Brokowski (2018). Do CRISPR germline ethics statements cut it?. *The CRISPR journal*, 1(2), 115-125.

Calabrese, C., Ding, J., Millam, B., & Barnett, G. A. (2019). The Uproar Over Gene-Edited Babies: A Semantic Network Analysis of CRISPR on Twitter. Environmental Communication, 1-17.

Chan, S., Donovan, P. J., Douglas, T., Gyngell, C., Harris, J., Lovell-Badge, R., ... & On Behalf of the Hinxton Group. (2015). Genome editing technologies and human germline genetic modification: The Hinxton Group Consensus Statement. *The American Journal of Bioethics*, 15(12), 42-47.

Charo, R. A. (2019). Rogues and Regulation of Germline Editing. *The New England journal of medicine*, 380(10), 976-980.

Charo, R. A. (2016). The legal and regulatory context for human gene editing. *Issues in Science and Technology*, 32(3), 39.

Chauvin, N. C. (2018). Custom-Edited DNA: Legal Limits on the Patentability of CRISPR-CAS9's Therapeutic Applications. William & Mary Law Review, 60, 229-331.

Chen, J. S., Ma, E., Harrington, L. B., Da Costa, M., Tian, X., Palefsky, J. M., & Doudna, J. A. (2018). CRISPR-Cas12a target binding unleashes indiscriminate single-stranded DNase activity. *Science*, 360(6387), 436-439.

Check Hayden, E. (2016). Should you edit your children's genes?. Nature News, 530(7591), 402.

Chen, L., & Zhang, Z. (2018). Chinese public attitudes on gene editing. Guangzhou, Guangdong, China: Sun Yat-Sen University.

Church, G. (2015). Perspective: Encourage the innovators. *Nature*, 528(7580), S7.

Coyne, C. A., Xu, R., Raich, P., Plomer, K., Dignan, M., Wenzel, L. B., ... & Cella, D. (2003). Randomized, controlled trial of an easy-to-read informed consent statement for clinical trial participation: a study of the Eastern Cooperative Oncology Group. *Journal of Clinical Oncology*, 21(5), 836-842.

Cong, L., Ran, F. A., Cox, D., Lin, S., Barretto, R., Habib, N., ... & Zhang, F. (2013). Multiplex genome engineering using CRISPR/Cas systems. *Science*, 339(6121), 819-823.

Cwik, B. (2020). Intergenerational monitoring in clinical trials of germline gene editing. *Journal of medical ethics*, 46(3), 183-187.

Dragic, T. (2001). An overview of the determinants of CCR5 and CXCR4 co-receptor function. *Journal of General Virology*, 82(8), 1807-1814.

Doudna, J. A., & Charpentier, E. (2014). The new frontier of genome engineering with CRISPR-Cas9. *Science*, 346(6213), 1258096-1-1258096-9.

Doudna, J. (2019). CRISPR's unwanted anniversary. Science, 366(6467), 777.

Egli, D., Zuccaro, M. V., Kosicki, M., Church, G. M., Bradley, A., & Jasin, M. (2018). Inter-homologue repair in fertilized human eggs? *Nature*, 560(7717), E5-E7.

Emanuel, E. J. (2004). Ending concerns about undue inducement. *The Journal of Law, Medicine & Ethics*, 32(1), 100-105.

Falcon, A., Pozo, F., Moreno, S., Casas, I., Rodriguez-Frandsen, A., & Reyes, N. et al. (2015) CCR5 deficiency predisposes to fatal outcome in influenza virus infection. *Journal of General Virology*, 96(8), 2074-2078.

Franklin G. Miller and Howard Brody (2003). A Critique of Clinical Equipoise: Therapeutic Misconception in the Ethics of Clinical Trials, *Hastings Center Report*, 33, no. 3, 19-28.

Felt, U., & Fochler, M. (2008). The bottom-up meanings of the concept of public participation in science and technology. *Science and public policy*, 35(7), 489-499.

Fogarty, N. M., McCarthy, A., Snijders, K. E., Powell, B. E., Kubikova, N., Blakeley, P., ... & Maciulyte, V. (2017). Genome editing reveals a role for OCT4 in human embryogenesis. *Nature*, 550(7674), 67-73.

Friedmann, T. (1992). A brief history of gene therapy. Nature genetics, 2(2), 93-98.

Friedmann, T., Jonlin, E. C., King, N. M., Torbett, B. E., Wivel, N. A., Kaneda, Y., & Sadelain, M. (2015). ASGCT and JSGT joint position statement on human genomic editing. Molecular Therapy, 23(8), 1282.

Furrow, B. R. (2017). The CRISPR-Cas9 Tool of Gene Editing: Cheaper, Faster, Riskier. *Annals Health Law*, 26, 33-38.

Funk, C., & Hefferon, M. (2018). Public views of gene editing for babies depend on how it would be used. Washington, DC: Pew Research Center.

Gade-Andavolu, R., Comings, D. E., MacMurray, J., Rostamkhani, M., Cheng, L. S. C., Tourtellotte, W. W., & Cone, L. A. (2004). Association of CCR5 Δ32 deletion with early death in multiple sclerosis. *Genetics in medicine*, 6(3), 126-131.

Gaj, T., Gersbach, C. A., & Barbas III, C. F. (2013). ZFN, TALEN, and CRISPR/Cas-based methods for genome engineering. *Trends in biotechnology*, 31(7), 397-405.

Greely, H. T. (2019). CRISPR'd babies: human germline genome editing in the 'He Jiankui affair'. *Journal of Law and the Biosciences*, 6(1), 111-183.

Glass, W., McDermott, D., Lim, J., Lekhong, S., Yu, S., & Frank, W. et al. (2006) CCR5 deficiency increases risk of symptomatic West Nile virus infection. *The Journal Of Experimental Medicine*, 203(1), 35-40.

Gyngell, C., Douglas, T., & Savulescu, J. (2017). The ethics of germline gene editing. *Journal of Applied Philosophy*, 34(4), 498-513.

Gootenberg, J. S., Abudayyeh, O. O., Lee, J. W., Essletzbichler, P., Dy, A. J., Joung, J., ... & Myhrvold, C. (2017). Nucleic acid detection with CRISPR-Cas13a/C2c2. *Science*, 356(6336), 438-442.

Gootenberg, J. S., Abudayyeh, O. O., Kellner, M. J., Joung, J., Collins, J. J., & Zhang, F. (2018). Multiplexed and portable nucleic acid detection platform with Cas13, Cas12a, and Csm6. *Science*, 360(6387), 439-444.

Gregorowius, D., Biller-Andorno, N., & Deplazes-Zemp, A. (2017). The role of scientific self-regulation for the control of genome editing in the human germline. EMBO reports, 18(3), 355-358.

Gupta, R.K., Abdul-Jawad, S., McCoy, L.E. et al. (2019) HIV-1 remission following CCR5Δ32/Δ32 hematopoietic stem-cell transplantation. Nature 568, 244–248

Guerrini, C. J., Spencer, G. E., & Zettler, P. J. (2018). DIY CRISPR. NCL Rev., 97, 1399-1460.

Halpern, J., O'Hara, S. E., Doxzen, K. W., Witkowsky, L. B., & Owen, A. L. (2019). Societal and Ethical Impacts of Germline Genome Editing: How Can We Secure Human Rights?. The CRISPR journal, 2(5), 293-298

Hütter, G., Nowak, D., Mossner, M., Ganepola, S., Müßig, A., Allers, K., ... & Blau, I. W. (2009). Long-term control of HIV by CCR5 Delta32/Delta32 stem-cell transplantation. *New England Journal of Medicine*, 360(7), 692-698.

Hsu, P. D., Lander, E. S., & Zhang, F. (2014). Development and applications of CRISPR-Cas9 for genome engineering. *Cell*, 157(6), 1262-1278.

Hofmann, B. (2017). Limits to human enhancement: Nature, disease, therapy or betterment. *BMC Medical Ethics* 18 (56): 1-11.

Hollister, B. M., Gatter, M. C., Abdallah, K. E., Armsby, A. J., Buscetta, A. J., Byeon, Y. J. J., ... & Bonham, V. L. (2019). Perspectives of Sickle Cell Disease Stakeholders on Heritable Genome Editing. *The CRISPR journal*, 2(6), 441-449.

Howard, H. C., van El, C. G., Forzano, F., Radojkovic, D., Rial-Sebbag, E., de Wert, G., ... & Cornel, M. C. (2018). One small edit for humans, one giant edit for humankind? Points and questions to consider for a responsible way forward for gene editing in humans. *European Journal of Human Genetics*, 26(1), 1-11.

Hajian, R., Balderston, S., Tran, T., deBoer, T., Etienne, J., Sandhu, M., ... & Paredes, J. (2019). Detection of unamplified target genes via CRISPR–Cas9 immobilized on a graphene field-effect transistor. *Nature biomedical engineering*, 3(6), 427-437.

Ishino, Y., Shinagawa, H., Makino, K., Amemura, M., & Nakata, A. (1987). Nucleotide sequence of the iap gene, responsible for alkaline phosphatase isozyme conversion in Escherichia coli, and identification of the gene product. *Journal of bacteriology*, 169(12), 5429-5433.

Jasanoff, S., Hurlbut, J. B., & Saha, K. (2015). CRISPR democracy: Gene editing and the need for inclusive deliberation. Issues in Science and Technology, 32(1), 37-49.

Jasanoff, S. and Hurlbut, J. B. (2018). A global observatory for gene editing. *Nature*, 555, 435-437.

Jefford, M., & Moore, R. (2008). Improvement of informed consent and the quality of consent documents. *The lancet oncology*, 9(5), 485-493.

Jinek, M., Chylinski, K., Fonfara, I., Hauer, M., Doudna, J. A., & Charpentier, E. (2012). A programmable dual-RNA–guided DNA endonuclease in adaptive bacterial immunity. *Science*, 337(6096), 816-821.

Kass, N. E., Faden, R. R., Goodman, S. N., Pronovost, P., Tunis, S., & Beauchamp, T. L. (2013). The research-treatment distinction: a problematic approach for determining which activities should have ethical oversight. *Hastings Center Report*, 43(s1), S4-S15.

Kadam, R. A. (2017). Informed consent process: A step further towards making it meaningful!. *Perspectives in clinical research*, 8(3), 107-112.

Kleiderman, E., & Ogbogu, U. (2019). Realigning gene editing with clinical research ethics: what the "CRISPR Twins" debacle means for Chinese and international research ethics governance. Accountability in research, 26(4), 257-264.

Koo, T., & Kim, J.-S. (2016). Therapeutic applications of CRISPR RNA-guided genome editing. *Briefings in Functional Genomics*, 16(1), 38-45.

Kang X, He W, Huang Y, Yu Q, Chen Y, Gao X, Sun X, Fan Y (2016) Introducing precise genetic modifications into human 3PN embryos by CRISPR/Cas-mediated genome editing. *Journal of Assisted Reproduction and Genetics*, 33:581-588.

Lander, E., Baylis, F., Zhang, F., Charpentier, E., Berg, P. et al. (2019) Adopt a moratorium on heritable genome editing. *Nature*, 567(7747), p.165-168.

Lanphier, E., Urnov, F., Haecker, S. E., Werner, M., & Smolenski, J. (2015). Don't edit the human germ line. *Nature News*, 519(7544), 410.

Lagay, Faith (2001). Gene Therapy or Genetic Enhancement: Does It Make a Difference? *AMA Journal of Ethics*, vol. 3, no. 2, 2001, 1-3.

Lewens, T. (2006). Distinguishing treatment from research: a functional approach. Journal of Medical Ethics, 32: 424-429.

Ledford, H. (2015). Where in the world could the first CRISPR baby be born? *Nature* 526, 310-311.

Liu, R., Paxton, W. A., Choe, S., Ceradini, D., Martin, S. R., Horuk, R., ... & Landau, N. R. (1996). Homozygous defect in HIV-1 coreceptor accounts for resistance of some multiply-exposed individuals to HIV-1 infection. *Cell*, 86(3), 367-377.

Li T, Huang S, Jiang WZ, et al. (2011). TAL nucleases (TALNs): hybrid proteins composed of TAL effectors and FokI DNA-cleavage domain. *Nucleic Acids Research*, 39(1):359-72.

Li, Y., Han, Y., Xie, J., Gu, L., Li, W., Wang, H. et al. (2014). CRF01_AE subtype is associated with X4 tropism and fast HIV progression in Chinese patients infected through sexual transmission. *AIDS*, 28(4), 524-526.

Liang, P., Xu, Y., Zhang, X., Ding, C., Huang, R., Zhang, Z., ... & Sun, Y. (2015). CRISPR/Cas9-mediated gene editing in human tripronuclear zygotes. *Protein & Cell*, 6(5), 363-372.

Lei Xu, M.D., Ph.D., Jun Wang, M.D., Ph.D., Yulin Liu, B.S., Liangfu Xie, B.S., Bin Su, Ph.D., Danlei Mou, M.D., Ph.D., Longteng Wang, B.S., Tingting Liu, M.D., Xiaobao Wang, B.S., Bin Zhang, M.D., Ph.D., Long Zhao, Ph.D., Liangding Hu, M.D., et al. (2019) CRISPR-Edited Stem Cells in a Patient with HIV and Acute

Lymphocytic Leukemia. *New England Journal of Medicine*, 381:1240-1247

Lovell-Badge, R. (2019). CRISPR babies: a view from the centre of the storm. *Development*, 146(3), 1-5.

Luca, F., Perry, G. H., & Di Rienzo, A. (2010). Evolutionary adaptations to dietary changes. Annual review of nutrition, 30, 291-314.

Lusso P.（2006）HIV and the chemokine system: 10 years later. *EMBO Journal*, 25: 447-56.

Luo, S., Valencia, C. A., Zhang, J., Lee, N. C., Slone, J., Gui, B., ... & Chen, S. M. (2018). Biparental inheritance of mitochondrial DNA in humans. *Proceedings of the National Academy of Sciences,* 115(51), 13039-13044.

Marshall, S. L., & While, A. E. (1994). Interviewing respondents who have English as a second language: challenges encountered and suggestions for other researchers. Journal of Advanced Nursing, 19(3), 566-571.

Marraffini, L. A., & Sontheimer, E. J. (2010). CRISPR interference: RNA-directed adaptive immunity in bacteria and archaea. *Nature Reviews Genetics*, 11(3), 181-190.

Makarova, K. S., Wolf, Y. I., Alkhnbashi, O. S., Costa, F., Shah, S. A., Saunders, S. J., ... Koonin, E. V. (2015). An updated evolutionary classification of CRISPR–Cas systems. *Nature Reviews Microbiology*, 13(11), 722-736.

Ma, D., & Liu, F. (2015). Genome editing and its applications in model organisms. *Genomics, proteomics & bioinformatics*, 13(6), 337.

Ma H, Marti-Gutierrez N, Park S, Wu J, Lee Y, Suzuki K, Koski A, Ji D, Hayama T, Ahmed R et. al. (2017). Correction of a pathogenic gene mutation in human embryos. *Nature,* 548(7668), 413-419.

Ma, H., Marti-Gutierrez, N., Park, S. W., Wu, J., Hayama, T., Darby, H., ... & Suzuki, K. (2018). Ma et al. Reply. *Nature*, 560(7717), E10-E23.

Mali P, Yang L, Esvelt KM, Aach J, Guell M, DiCarlo JE, et al. (2013) RNA-guided human genome engineering via Cas9. *Science*, 339:823-826.

Melillo, T. R. (2017). Gene editing and the rise of designer babies. *Vanderbilt Journal of Transnational Law*, 50, 757-790.

Mojica, F.J., Juez, G., and Rodriguez-Valera, F. (1993). Transcription at different salinities of Haloferax mediterranei sequences adjacent to partially modified PstI sites. *Molecular microbiology*, 9, 613-621.

Mojica, F. J., Díez-Villaseñor, C., Soria, E., & Juez, G. (2000). Biological significance of a family of regularly spaced repeats in the genomes of Archaea, Bacteria and mitochondria. *Molecular microbiology*, 36(1), 244-246.

Mutz, D. C. (2002). The consequences of cross-cutting networks for political participation. American Journal of Political Science, 838-855.

Naldini, L. (2015). Gene therapy returns to centre stage. Nature, 526(7573), 351-360.

Nicopoullos, J., Almeida, P., Vourliotis, M., & Gilling-Smith, C. (2010). A decade of the sperm-washing programme: correlation between markers of HIV and seminal parameters. *HIV Medicine*, 12(4), 195–201.

Ormond, K. E., Mortlock, D. P., Scholes, D. T., Bombard, Y., Brody, L. C., Faucett, W. A., ... & Musunuru, K. (2017). Human germline genome editing. *The American Journal of Human Genetics*, 101(2), 167-176.

Perez, E.E. et al. (2008) Establishment of HIV-1 resistance in CD4+ T cells by genome editing using zinc-finger nucleases. *Nature Biotechnology,* 26, 808–816

Paxton, W., Martin, S., Tse, D. et al. (1996). Relative resistance to HIV–1 infection of CD4 lymphocytes from persons who remain uninfected despite multiple high–risk sexual exposures. *Nature Medicine,* 2, 412–417

Perez Rojo, F., Nyman, R. K. M., Johnson, A. A. T., Navarro, M. P., Ryan, M. H., Erskine, W., & Kaur, P. (2018). CRISPR-Cas systems: ushering in the new genome editing era. *Bioengineered*, 9(1), 214–221.

Pugh, J. (2015). Autonomy, Natality and Freedom: A Liberal Re-examination of Habermas in the Enhancement Debate. *Bioethics*, 29(3), 145-152.

Ranisch, R. (2017). Germline genome editing and the functions of consent. The American Journal of Bioethics, 17(12), 27-29.

Rock, J. M., Hopkins, F. F., Chavez, A., Diallo, M., Chase, M. R., Gerrick, E. R., ... & Schnappinger, D. (2017). Programmable transcriptional repression in mycobacteria using an orthogonal CRISPR interference platform. *Nature microbiology*, 2(4), 1-9.

Rosemann, A., Balen, A., Nerlich, B., Hauskeller, C., Sleeboom-Faulkner, M., Hartley, S., ... & Lee, N. (2019). Heritable genome editing in a global context: national and international policy challenges. *Hastings Center Report*, 49(3), 30-42.

Rufo, F., & Ficorilli, A. (2019). From Asilomar to Genome Editing: Research Ethics and Models of Decision. *NanoEthics*, 13(3), 223-232.

Sander, J. D., & Joung, J. K. (2014). CRISPR-Cas systems for editing, regulating and targeting genomes. *Nature biotechnology,* 32(4), 347-355.

Savulescu, J. (2001). Procreative beneficence: why we should select the best children. *Bioethics*, 15(5-6), 413-426.

Savulescu, J., & Kahane, G. (2009). The moral obligation to create children with the best chance of the best life. *Bioethics*, 23(5), 274-290.

Scheufele, D. A. (2011). Modern citizenship or policy dead end? Evaluating the need for public participation in science policy making, and why public meetings may not be the answer. Paper# R-34, Joan Shorenstein Center on the Press, Politics and Public Policy Research Paper Series.

Scheufele, D. A., Xenos, M. A., Howell, E. L., Rose, K. M., Brossard, D., & Hardy, B. W. (2017). US attitudes on human genome editing. *Science*, 357(6351), 553-554.

Sarewitz, D. (2015). CRISPR: Science can't solve it. *Nature*, 522(7557), 413-

414.

Scott, R., & Wilkinson, S. (2017). Germline genetic modification and identity: the mitochondrial and nuclear genomes. *Oxford Journal of Legal Studies*, 37(4), 886-915.

Schwank, G., Koo, B. K., Sasselli, V., Dekkers, J. F., Heo, I., Demircan, T., ... & Nieuwenhuis, E. E. (2013). Functional repair of CFTR by CRISPR/Cas9 in intestinal stem cell organoids of cystic fibrosis patients. *Cell stem cell*, 13(6), 653-658.

Semprini, A. E., Macaluso, M., Hollander, L., Vucetich, A., Duerr, A., Mor, G., ... & Jamieson, D. J. (2013). Safe conception for HIV-discordant couples: insemination with processed semen from the HIV-infected partner. *American journal of obstetrics and gynecology*, 208(5), 402-e1.

Sharp, P. M., & Hahn, B. H. (2011). Origins of HIV and the AIDS pandemic. *Cold Spring Harbor perspectives in medicine*, 1(1), 1-22.

Shmakov, S., Smargon, A., Scott, D., Cox, D., Pyzocha, N., Yan, W., ... Koonin, E. V. (2017). Diversity and evolution of class 2 CRISPR–Cas systems. Nature Reviews Microbiology, 15(3), 169-171.

Sibbald, B. (2001). Death but one unintended consequence of gene-therapy trial. Canadian Medical Association. Journal, 164(11), 1612.

Smolenski, J. (2015). CRISPR/Cas9 and germline modification: New difficulties in obtaining informed consent. *The American Journal of Bioethics*, 15(12), 35-37.

So, D., E. Kleiderman, S. Touré, and Y. Joly. (2017). Disease resistance and the definition of genetic enhancement. *Frontiers in Genetics*, 8(40): 1-6.

Sun, N., Liang, J., Abil, Z., & Zhao, H. (2012). Optimized TAL effector nucleases (TALENs) for use in treatment of sickle cell disease. Molecular BioSystems, 8(4), 1255-1263.

Suter, S. M. (2007). A brave new world of designer babies. Berkeley Tech. LJ,

22, 897-969.

Tebas, P., Stein, D., Tang, W. W., Frank, I., Wang, S. Q., Lee, G., ... & Holmes, M. C. (2014). Gene editing of CCR5 in autologous CD4 T cells of persons infected with HIV. *New England Journal of Medicine*, 370(10), 901-910.

Jiankui, H., Ferrell, R., Yuanlin, C., Jinzhou, Q., & Yangran, C. (2018). Draft ethical principles for therapeutic assisted reproductive technologies. The CRISPR Journal, 1(6), p.1-3.

Wolf, D. P., Mitalipov, P. A., & Mitalipov, S. M. (2019). Principles of and strategies for germline gene therapy. *Nature medicine*, 25(6), 890-897.

Wright, A. V., Nuñez, J. K., & Doudna, J. A. (2016). Biology and applications of CRISPR systems: harnessing nature's toolbox for genome engineering. *Cell*, 164(1-2), 29-44.

Wu, Y., Liang, D., Wang, Y., Bai, M., Tang, W., Bao, S., ... & Li, J. (2013). Correction of a genetic disease in mouse via use of CRISPR-Cas9. *Cell stem cell*, 13(6), 659-662.

Xu, L., Wang, J., Liu, Y., Xie, L., Su, B., Mou, D., ... & Zhao, L. (2019). CRISPR-edited stem cells in a patient with HIV and acute lymphocytic leukemia. *New England Journal of Medicine*, 381(13), 1240-1247.

Zhou, M., Greenhill, S., Huang, S., Silva, T., Sano, Y., & Wu, S. et al. (2016). CCR5 is a suppressor for cortical plasticity and hippocampal learning and memory. *eLlife*, 5, 1-30.

Zafer, M., Horvath, H., Mmeje, O., van der Poel, S., Semprini, A. E., Rutherford, G., & Brown, J. (2016). Effectiveness of semen washing to prevent human immunodeficiency virus (HIV) transmission and assist pregnancy in HIV-discordant couples: a systematic review and meta-analysis. *Fertility and sterility,* 105(3), 645-655.

（三）碩博士論文

McKeown, A. J. (2014). Re-thinking the distinction between therapy and enhancement: a study in empirical ethics (Doctoral dissertation, University of Bristol)

（四）網路文獻

Antonio Regalado (2018). CRISPR inventor Feng Zhang calls for moratorium on gene-edited babies. Available at: https://www.technologyreview.com/s/612465/crispr-inventor-feng-zhang-calls-for-moratorium-on-baby-making/

Antonio Regalado (2019). A third CRISPR baby may have already been born in China. Available at: https://www.technologyreview.com/s/613890/a-third-crispr-baby-may-have-already-been-born-in-china/

Carolyn P. Neuhaus. (2018) Should We Edit the Human Germline? Is Consensus Possible or Even Desirable?Available at: https://www.thehastingscenter.org/edit-human-germline-consensus-possible-even-desirable/

Costa JR, Bejcek BE, McGee JE, et al. Genome Editing Using Engineered Nucleases and Their Use in Genomic Screening. 2017 Nov 20. In: Sittampalam GS, Grossman A, Brimacombe K, et al., editors. Assay Guidance Manual [Internet]. Bethesda (MD): Eli Lilly & Company and the National Center for Advancing Translational Sciences; 2004. Available from: https://www.ncbi.nlm.nih.gov/books/NBK464635/

Center for Genetics and Society (2015). Open Letter Calls for Prohibition on Reproductive Human Germline Modification. Available at: https://www.geneticsandsociety.org/internal-content/open-letter-calls-prohibition-reproductive-human-germline-modification?id=8999

CRISPR Handbook Enabling Genome Editing and Transforming Life Science Research. Second Edition. Available at: https://www.genscript.com/gsfiles/techfiles/CRISPR-Handbook-2016-v2.0.pdf

CRISPR Therapeutics and Vertex Announce Positive Safety and Efficacy Data from First Two Patients Treated with Investigational CRISPR/Cas9 Gene-Editing Therapy CTX001® for Severe Hemoglobinopathies. Available at: https://investors. vrtx.com/news-releases/news-release-details/crispr-therapeutics-and-vertex-announce-positive-safety-and

Cyranoski D, Reardon S. (2015). Chinese scientists genetically modify human embryos. Nature. Available at: www.nature.com/news/chinese-scientists-genetically-modify-human-embryos-1.17378

Civil society statement to the organizers of the "Second International Summit on Human Genome Editing" Available at: https://www.geneticsandsociety.org/internal-content/civil-society-statement-organizers-second-international-summit-human-genome

David Cyranoski & Heidi Ledford (2018). How the genome-edited babies' revelation will affect research. Available at: https://www.nature.com/articles/d41586-018-07559-8

Ewen Callaway (2016). Second Chinese team reports gene editing in human embryos. Available at: https://www.nature.com/news/second-chinese-team-reports-gene-editing-in-human-embryos-1.19718

Ewen Callaway (2017). Doubts raised about CRISPR gene-editing study in human embryos. Available at: https://www.nature.com/news/doubts-raised-about-crispr-gene-editing-study-in-human-embryos-1.22547

Ewen Callaway (2018). Did CRISPR really fix a genetic mutation in these human embryos? Available at: https://www.nature.com/articles/d41586-018-05915-2

Editas Medicine Announces Third Quarter 2019 Results and Update. Available at: https://www.globenewswire.com/news-release/2019/11/12/1945237/0/en/Editas-Medicine-Announces-Third-Quarter-2019-Results-and-Update.html

Embryology policy: Revisit the 14-day rule. Available at: https://www.nature

.com/news/embryology-policy-revisit-the-14-day-rule-1.19838#/b7

Embryonic and Fetal Research Laws. Available at: https://www.ncsl.org/research/health/embryonic-and-fetal-research-laws.aspx

David Cyranoski & Heidi Ledford (2018) Genome-Edited Baby Claim Provokes International Outcry. Available at: https://www.nature.com/articles/d41586-018-07545-0

David Cyranoski (2018). Baby gene edits could affect a range of traits. Available at: https://www.nature.com/articles/d41586-018-07713-2#ref-CR6

EDITORIAL: Germline gene-editing research needs rules. （2019） Available at: https://www.nature.com/articles/d41586-019-00788-5

First Human CRISPR Trial in the US Aims to Cure Inherited Blindness. Available at: https://singularityhub.com/2019/07/28/first-human-crispr-trial-in-the-us-aims-to-cure-inherited-blindness/

G. Owen Schaefer (2016). China may be the future of genetic enhancement. BBC Future. Available at: https://www.bbc.com/future/article/20160804-china-may-be-the-future-of-genetic-enhancement

George J. Annas (Dec. 4, 2018). How Did Claims of CRISPR Babies Hijack an International Gene-Editing Summit?, Boston University School of Public Health.

Available at: https://www.bu.edu/sph/2018/12/04/how-did-claims-of-crispr-babies-hijack-an-international-gene-editing-summit/

Gene Editing vs. Gene Modifying- No, They're Not the Same. Available at: https://www.hoosieragtoday.com/gene-editing-vs-gene-modifying-no-theyre-not/?fbclid=IwAR1s0wRFKqa5w9k5YBmTZ1wi6ltgYOpXq2pMAFy7iSIuU9588GYGHpomRQg

Gene therapy: An Interview with an Unfortunate Pioneer. Available at: https://www.scientificamerican.com/article/gene-therapy-an-interview/

Genome editing in human cells – initial joint statement. Available at:

https://wellcome.ac.uk/sites/default/files/wtp059707.pdf

Faster, better, cheaper: the rise of CRISPR in disease detection. Available at: https://www.nature.com/articles/d41586-019-00601-3#ref-CR1

Haroon Siddique (2016). British researchers get green light to genetically modify human embryos. Available at: https://www.theguardian.com/science/2016/feb/01/human-embryo-genetic-modify-regulator-green-light-research

HUMAN GENETIC MODIFICATION. Available at: https://www.geneticsandsociety.org/topics/human-genetic-modification

HFEA approval for new genome editing techniques. Available at: https://www.crick.ac.uk/news/2016-02-01-hfea-decision

Initial joint statement on genome editing in human cells. Available at: https://wellcome.ac.uk/what-we-do/our-work/emerging-science-technology

Insoo Hyun, Amy Wilkerson & Josephine Johnston (2016). Embryology policy: Revisit the 14-day rule Available at: https://www.nature.com/news/embryology-policy-revisit-the-14-day-rule-1.19838#/b7

ISSCR Comments on Reports of Chinese Scientists Performing Genome-Editing During Fertility Treatment. Available at: http://www.isscr.org/professional-resources/news-publicationsss/isscr-news-articles/article-listing/2018/11/26/isscr-comments-on-reports-of-chinese-scientists-performing-genome-editing-during-fertility-treatment?fbclid=IwAR3ThkbnxJJ9cK1G3CErNdeb5_NWRJH4bV4HjpTC2f1Bp9_1V2uBO7EOcPg

Jon Cohen (2018). "I feel an obligation to be balanced.' Noted biologist comes to defense of gene editing babies." Available at: https://www.sciencemag.org/news/2018/11/i-feel-obligation-be-balanced-noted-biologist-comes-defense-gene-editing-babies

Jocelyn Kaiser (June 4, 2019). Update: House spending panel restores U.S. ban on gene-edited babies. Science. Available at:https://www.sciencemag.org/news/2019/

06/update-house-spending-panel-restores-us-ban-gene-edited-babies

Julia Belluz (2019). Is the CRISPR baby controversy the start of a terrifying new chapter in gene editing? Available at: https://www.vox.com/science-and-health/2018/11/30/18119589/crispr-gene-editing-he-jiankui

Karen Weintraub (2016). "3-Parent Baby" Procedure Faces New Hurdle. Available at: https://www.scientificamerican.com/article/ldquo-three-parent-baby-rdquo-procedure-faces-new-hurdle/

Katarina Zimmer (2018). CRISPR Scientists Slam Methods Used on Gene-Edited Babies. Available at: https://www.the-scientist.com/news-opinion/crispr-scientists-slam-methods-used-on-gene-edited-babies--65167

Martha Henry (2014). HEU Infants: How Big and Bad Is the Problem?

Available at: https://aids.harvard.edu/heu-infants/

Nuffield Council on Bioethics (2017). Genome editing and human reproduction public survey December 2017. Available at: https://www.nuffieldbioethics.org/assets/pdfs/Summary-of-GEHR-public-survey-2018_for-web.pdf

Olivia Hamlyn. Responsible Research and Innovation in Gene Editing, UCL Hub for Responsible Research and Innovation Briefing Note.

Available at: https://blog.rri-tools.eu/documents/21503/103925/Genome+editing+RRI+brief.pdf/f7e24e5f-6ec2-4682-bcdb-a7446e5c7ed2

Public Affairs, UC Berkeley (2018). CRISPR co-inventor responds to claim of first genetically edited babies.

Available at: https://news.berkeley.edu/2018/11/26/doudna-responds-to-claim-of-first-crispr-edited-babies/

Press release CROI 2019. Available at: https://www.icistem.org/publication/croi-2019

Rosemann, A., L. Jiang, and X. Zhang; on behalf of the Nuffield Council on Bioethics. "The Regulatory and Legal Situation of Human Embryo, Gamete and Germ

Line Gene Editing Research and Clinical Applications in the People's Republic of China." 2017. Available at:http://nuffieldbioethics.org/wp-content/uploads/ Background-paper-GEHR.pdf

Simon Burall (2018). Rethink public engagement for gene editing. Available at: https://www.nature.com/articles/d41586-018-03269-3

Sara Reardon (2015). US Congress moves to block human-embryo editing. Available at: https://www.nature.com/news/us-congress-moves-to-block-human-em bryo-editing-1.17858

SHARON BEGLEY (2018). Amid uproar, Chinese scientist defends creating gene-edited babies. Available at: https://www.statnews.com/2018/11/28/chinese-scientist-defends-creating-gene-edited-babies/

Science News Staff (2020). The science stories likely to make headlines in 2020. Available at: https://www.sciencemag.org/news/2020/01/science-stories-likely-make -headlines-2020

Tina Rulli (2019). Using CRISPR to edit eggs, sperm, or embryos does not save lives. Available at: https://www.statnews.com/2019/10/15/reproductive-crispr-does-not-save-lives/

UK scientists apply for licence to edit genes in human embryos. Available at: https://www.nature.com/news/uk-scientists-apply-for-licence-to-edit-genes-in-human-embryos-1.18394

Victor J. Dzau, Marcia McNutt & Venki Ramakrishnan (2019). Academies' action plan for germline editing. Available at: https://www.nature.com/articles/ d41586-019-00813-7

三、其他資料

ASHG Reaffirms 2017 Position Statement on Germline Genome Editing. Available at: https://www.ashg.org/publications-news/press-releases/201811-geno

me-editing/

NORC at the University of Chicago. Human Genetic Engineering. The Associated Press-NORC Center for Public Affairs Research. [online]. Available at: http://apnorc.org/projects/Pages/Human-GeneticEngineering.aspx.

Southern University of Science and Technology Public Statement. Available at: http://sustc.edu.cn/en/info_focus/3056

Statement on governance and oversight of human genome editing. Available at: https://www.who.int/news-room/detail/26-07-2019-statement-on-governance-and-oversight-of-human-genome-editing

Statement by the Organizing Committee of the Second International Summit on Human Genome Editing. Available at: http://www8.nationalacademies.org/onpinews/newsitem.aspx?RecordID=11282018b&_ga=2.249302087.1763336184.1543479972-2055095648.1543479972#_ftn1

Statement on Claim of First Gene-Edited Babies by Chinese Researcher. Available at: https://www.nih.gov/about-nih/who-we-are/nih-director/statements/statement-claim-first-gene-edited-babies-chinese-researcher

Statement on NIH funding of research using gene-editing technologies in human embryos. Available at: https://www.nih.gov/about-nih/who-we-are/nih-director/statements/statement-nih-funding-research-using-gene-editing-technologies-human-embryos

Statement on Claim of First Gene-Edited Babies by Chinese Researcher. Available at: https://www.nih.gov/about-nih/who-we-are/nih-director/statements/statement-claim-first-gene-edited-babies-chinese-researcher

Statement on NIH funding of research using gene-editing technologies in human embryos. Available at: https://www.nih.gov/about-nih/who-we-are/nih-director/statements/statement-nih-funding-research-using-gene-editing-technologies-human-embryos

Statementon Genome Editing Technologies and Human Germline Genetic Modification. Available at: http://www.hinxtongroup.org/Hinxton2015_Statement.pdf

Statement by the Organizing Committee of the Second International Summit on Human Genome Editing. Available at: http://www8.nationalacademies.org/onpinews/ newsitem.aspx?RecordID=11282018b&_ga=2.249302087.1763336184.1543479972 -2055095648.1543479972#_ftn1

試管嬰兒成功率，三代試管嬰兒技術介紹與比較。載於：https://www. ivftaiwan.tw/care/?3473.html

南方科技大學：賀建奎實驗室官方頁面（網頁存檔）。載於：http://web.archive .org/web/20181126135349/http://www.sustc-genome.org.cn/for_public.html

世界醫師會《赫爾辛基宣言》載於：http://www.femh-irb.org/content_pages/ files_add/doc_arb/L01_10306241106.pdf

《幹細胞研究和臨床轉化指南》載於：https://www.isscr.org/docs/default- source/all-isscr-guidelines/guidelines-2016/guidelines-for-stem-cell-research-and-clini cal-translation-may2016---chinese2da71a731dff6ddbb37cff0000940c19.pdf?sfvrsn=6

行政院（2018），行政院會通過「再生醫療製劑管理條例」草案。載於： https://www.ey.gov.tw/Page/9277F759E41CCD91/a602e0f5-ee02-40cb-a955- 25e31c4c4cc5

附註一：近年內國際間就生殖系基因編輯的倫理爭議所發表之聲明

年份	組織單位	聲明重點
2019	World Health Organization (WHO)	人類生殖系基因體編輯帶來了獨特和前所未有的倫理和技術挑戰。世界衛生組織專家諮詢委員會建議，在適當審視其影響之前，所有國家的監管當局都不應允許在這一領域開展任何進一步工作。[1]
2018	American Society of Human Genetics (ASHG)	重申 2017 年之立場，支持人類胚胎和配子的體外研究，並在得到捐助者的適當監督和同意下，以促進對未來可能的基因編輯臨床應用的研究。[2]
2018	Second International Summit on Human Genome Editing	修改基因之醫療行為，是不負責任的，並且不符合國際規範。它的缺失，包括醫療適應性不足、研究設計不當，不符合保護研究對象福利的道德標準，以及在臨床行為過程中缺乏透明度。[3]

---

[1] Statement on governance and oversight of human genome editing.
Available at: https://www.who.int/news-room/detail/26-07-2019-statement-on-governance-and-oversight-of-human-genome-editing (最後瀏覽日：2020/2/18)

[2] ASHG Reaffirms 2017 Position Statement on Germline Genome Editing.
Available at: https://www.ashg.org/publications-news/press-releases/201811-genome-editing/ (最後瀏覽日：2020/2/18)

[3] Statement by the Organizing Committee of the Second International Summit on Human Genome Editing.
Available at: http://www8.nationalacademies.org/onpinews/newsitem.aspx?RecordID=11282018b&_ga=2.249302087.1763336184.1543479972-2055095648.1543479972#_ftn1 (最後瀏覽日：2020/2/18)

年份	組織單位	聲明重點
2018	National Institutes of Health (NIH)	批評此事違反國際道德規範及相關倫理規範。並且重申 2015 年聲明意旨。[4]
基因編輯嬰兒事件之前		
2018	Nuffield Council on Bioethics	如果生殖系基因編輯與未來人類的福利和社會公正一致的話，則在道德上是允許的。此外，亦允許除了預防疾病之外的應用。尚呼籲必須對安全性做進一步研究，並促進更廣泛的公眾辯論，並確保適當的監管。[5]
2017	American Society of Human Genetics (ASHG)	1.目前，不宜進行使人類懷孕的生殖系基因編輯。 2.只要有適當的監督，就沒有理由禁止使用公共資金進行體外生殖系基因編輯相關臨床研究。 3.未來的臨床應用應僅在以下情況下進行：（a）醫學合理性；（b）充分的證據基礎；（c）倫理正當性；（d）公開透明的程序。[6]
2017	National Academy of Sciences, Engineering and Medicine (US)	如果克服了安全性和功效相關的技術難題，則僅在沒有合理的替代方案的情況下，才允許進行生殖系基因編輯臨床試驗，並且僅限於明顯導致或易患嚴重疾病的基因。現階段應只能用於治療疾病，而不應用於提升人類的外觀或能力。並且在生殖細胞上的基因編輯，應僅限於在嚴格的監督機制下的臨床試驗可進行。[7]

---

[4] Statement on Claim of First Gene-Edited Babies by Chinese Researcher.
Available at: https://www.nih.gov/about-nih/who-we-are/nih-director/statements/statement-claim-first-gene-edited-babies-chinese-researcher (最後瀏覽日：2020/2/18)

[5] 同第四章註 7。

[6] 同第五章註 2。

[7] 同第二章註 2，pp.132-134。

年份	組織單位	聲明重點
2015	International summit on human gene editing	僅限（i）對風險、潛在利益及替代方案適當理解和權衡後，解決了相關的安全性和功效問題（ii）所提出應用的適當性，於社會上已達成廣泛共識，否則任何生殖系編輯的臨床使用都是不負責任的。[8]
2015	Academy of Medical Sciences (UK) 及 Wellcome Trust	倫理及管制問題，需要隨著基礎研究和臨床應用的進展，適時並包容地進行討論。並且須將基因編輯的研究用途與潛在的臨床用途區分開來規範，以及區分體細胞和生殖細胞分別管制。[9]
2015	American Society for Gene and Cell Therapy (ASGCT) 及 Japanese Society of Gene Therapy (JSGT)	由於安全性和道德問題已足夠嚴重作為反對在人類細胞中進行基因編輯的強烈立場。即使這些技術問題有可能被解決，也沒有道德上可接受的方法來進行胚胎基因編輯或其他生殖系修改。除非直到這些技術和倫理問題能夠得到解決，並廣泛和深入地討論以達成社會共識，否則應禁止在人類生殖細胞進行基因編輯。[10]
2015	National Institutes of Health (NIH)	生殖系編輯涉及嚴重且難以量化的安全性問題、不經其同意就影響下一代等等的道德問題，以及目前缺乏令人信服的醫學證據來證明在胚胎中使用 CRISPR / Cas9 是合理的。此外，亦不允許使用聯邦資金贊助生殖系基因編輯實驗。[11]

---

[8] National Academies of Sciences, Engineering, and Medicine. (2015) International Summit on Human Gene Editing: A Global Discussion. Washington, DC: The National Academies Press.

[9] Genome editing in human cells – initial joint statement.
Available at: https://wellcome.ac.uk/sites/default/files/wtp059707.pdf（最後瀏覽日：2020/2/18）

[10] Friedmann, T., Jonlin, E. C., King, N. M., Torbett, B. E., Wivel, N. A., Kaneda, Y., & Sadelain, M. (2015). ASGCT and JSGT joint position statement on human genomic editing. Molecular Therapy, 23(8), 1282.

[11] Statement on NIH funding of research using gene-editing technologies in human embryos.
Available at: https://www.nih.gov/about-nih/who-we-are/nih-director/statements/statement-nih-funding-res

年份	組織單位	聲明重點
2015	International Society for Stem Cell Research (ISSCR)	當今科學家對生殖系基因修飾的安全性和潛在的長期風險缺乏足夠了解，ISSCR 呼籲暫停在臨床實踐中對人類生殖系進行編輯的嘗試。若要在臨床上應用，需要在倫理、法律和社會意義上進行更深入、更嚴格的討論。[12]
2015	Hinxton Group	應用至人類生殖系之前，必須解決許多關鍵的科學問題，包括脫靶效應及鑲嵌現象的程度和影響。並建議制定指導安全性和有效性標準。若要在特定使用上符合倫理可接受性，仍須進一步的辯論。[13]

---

earch-using-gene-editing-technologies-human-embryos (最後瀏覽日：2020/2/18)

[12] The ISSCR Statement on Human Germline Genome Modification.
Available at: https://www.isscr.org/news-publicationsss/ isscr-news-articles/article-listing/2015/03/19/statement-on-human-germline-genome-modification (最後瀏覽日：2020/2/18)

[13] 同第四章註 5。

附註二：美國、英國及中國對生殖系基因編輯規範架構之整理[1]

	基礎研究		臨床研究			臨床應用
美	Guidelines for Research Involving Recombinant or Synthetic Nucleic Acid Molecules (2019)	21 CFR 56	Guidelines for Research Involving Recombinant or Synthetic Nucleic Acid Molecules (2016)	45 CFR Sec. 46.111.	FDA	Consolidated Appropriations Act, 2019, H.J. Res 31/ Public Law 116–6, s. 731.
	Approved by an IBC. **(NIH funded only)**	●IRBs (Institutional Review Boards) ●ESCROs (NAS/NAM) **(Advised)** ●EMROs (ISSCR) **(Advised)**	The NIH will not at present entertain proposals for germline …clinical trial proposals for germline	Criteria for IRB approval of research.	IND procedure	Sec. 731 This section prohibits the FDA from acknowledging applications for an exemption for investigational use of a drug or biological product in research in which a human embryo is intentionally created or modified to include a heritable genetic

	基礎研究	臨床研究		臨床應用	
		alterations will not be accepted by the Recombinant DNA Advisory Committee.		modification. Such a submission is deemed not to have been received, and the exemption may not go into effect.	
	Human Fertilisation and Embryology Act (1990, amended 2008)	Human Fertilisation and Embryology Act (1990, amended 2008) HFEA Code of Practice 9th Edition (2019)		Human Fertilisation and Embryology Act (1990, amended 2008)	The Human Fertilisation and Embryology (Mitochondrial Donation) Regulations（2015）
英	**HFE Acts s. 11(1)** (1) The Authority may grant the following and no other licences—(a)licences under paragraph 1 of Schedule 2 to this Act authorising activities in the course of providing treatment services, **HFE Acts Sch. 2 para. 6 ss. 3(5).** No licence under this paragraph is to be granted	**HFE Acts s. 3(2).** No person shall place in a woman— (a)an embryo other than a permitted embryo (as defined by section 3ZA), or (b)any gametes other than permitted eggs or permitted sperm (as so defined)." **HFEA Code of Practice 9th edition 22A(g)** The law prohibits an embryo created or obtained for research		**HFE Act s. 14(12)** No embryo appropriated for the purpose mentioned in paragraph 1(1) (ca) of Schedule 2 (training in embryolog-ical techniques） shall be	**HFE(MD)R s. 6.** An embryo is a permitted embryo for the purposes of section 3(2)(a) of the Act if— (a)embryo results from the application

	基礎研究		臨床研究		臨床應用	
	unless the Authority is satisfied that any proposed use of embryos or human admixed embryos is necessary for the purposes of the research.		being placed in a woman.		kept or used for the provision of treatment services.	of the process specified in regulation 7 to two embryos…
中	《人類遺傳資源管理條例》(2019)	《人胚胎幹細胞研究倫理指導原則》(2003)	《涉及人的生物醫學研究倫理審查辦法》(2016)	《醫療技術臨床應用管理辦法》（2018）	《人胚胎幹細胞研究倫理指導原則》(2003)	《人類輔助生殖技術規範》(2003)
	第十一條 採集我國重要遺傳家系、特定地區人類遺傳資源或者採集國務院科學技術行政部門規定種類、數量的人類遺傳資源的，應當符合下列條件，並經國務院科學技術行政部門批准。	第九條 從事人胚胎幹細胞的研究單位應成立包括生物學、醫學、法律或社會學等有關方面的研究和管理人員組成的倫理委員會，其職責是對人胚胎幹細胞研究的倫理學及科學性進行綜合審查、諮詢與監督。	第七條 從事涉及人的生物醫學研究的醫療衛生機構是涉及人的生物醫學研究倫理審查工作的管理責任主體，應當設立倫理委員會，並採取有效措施保障倫理委員會獨立開展倫理審查工作。醫療衛生機構未設立倫理委員會的，不得開展涉及人的生物醫學研究工作。	第十三條 醫療機構擬開展存在重大倫理風險的醫療技術，應當提請本機構倫理委員會審議，必要時可以諮詢省級和國家醫學倫理專家委員會。未經本機構倫理委員會審查通過的醫療技術，特別是限制類醫療技術，不得應用於臨床。	第六條 進行人胚胎幹細胞研究，必須遵守以下行為規範：（二）不得將前款中獲得的已用於研究的人囊胚植入人或任何其它動物的生殖系統。	第三條(九)禁止以生殖為目的對人類配子、合子和胚胎進行基因操作。

國家圖書館出版品預行編目(CIP) 資料

CRISPR可能沒有極限,但必須有界線 ：從倫理、法律及社會角度看基因編輯嬰兒事件/董威廷, 范建得著. -- 初版. -- 臺北市：元華文創股份有限公司, 2021.07
面； 公分
ISBN 978-957-711-205-7 (平裝)
1.社會倫理 2.法律 3.基因組 4.遺傳工程
195 110002087

CRISPR可能沒有極限，但必須有界線：從倫理、法律及社會角度看基因編輯嬰兒事件

董威廷 范建得 著

發 行 人：賴洋助
出 版 者：元華文創股份有限公司
聯絡地址：100 臺北市中正區重慶南路二段 51 號 5 樓
公司地址：新竹縣竹北市台元一街 8 號 5 樓之 7
電　　話：(02) 2351-1607　　傳　　真：(02) 2351-1549
網　　址：www.eculture.com.tw
E - m a i l：service@eculture.com.tw
出版年月：2021 年 07 月 初版
定　　價：新臺幣 380 元

ISBN：978-957-711-205-7 (平裝)

總經銷：聯合發行股份有限公司
地 址：231 新北市新店區寶橋路 235 巷 6 弄 6 號 4F
電 話：(02)2917-8022　　　　傳 真：(02)2915-6275